Contes des six trésors

Contes d'Orient et d'Occident

1. Histoire d'Aladdin Roi de l'Yemen	*William Beckford*
2. Les Quatre Talismans	*Charles Nodier*
3. Contes de Fez	*Anonyme*
4. Contes de l'Alphabet I	*E. & B. de Saint Chamas*
5. Contes de l'Alphabet II	*E. & B. de Saint Chamas*
6. Contes de l'Alphabet III	*E. & B. de Saint Chamas*
7. Contes de Berbérie	*José Féron Romano*
8. Nouveaux contes de Fez	*Anonyme*
9. Le prince dont l'ombre était bleue	*J. Féron Romano & E. Tabuteau*
10. Contes des six trésors	*E. & B. de Saint Chamas*

Emmanuelle et Benoît de Saint Chamas

Contes des six trésors

Illustrations de

Éric Puybaret

ÉDITIONS DU JASMIN

Emmanuelle & Benoît de Saint Chamas

Emmanuelle et Benoît de Saint Chamas sont mariés et enseignent ensemble à l'Institut d'Études Politiques de Paris. Ils ont reçu plusieurs prix littéraires pour leurs contes, notamment les *Contes de l'Alphabet*, devenu un classique de la littérature jeunesse.

Éric Puybaret

Né en 1976, Éric Puybaret entre en 1994 à l'atelier préparatoire de Penninghen. L'année suivante, il intègre l'École Nationale Supérieure des Arts Décoratifs, où il se spécialise dans l'illustration. En 1999, il est lauréat du festival du livre pour enfants de Bologne.

Il pratique également la peinture et expose régulièrement ses toiles.

DES MÊMES AUTEURS

AUX ÉDITIONS DU JASMIN

Contes des six trésors, illustré par Éric Puybaret, 2006
Le puits du diable, illustré par Laura Rosano, 2003
Contes de l'Alphabet, illustré par Quentin Gréban, en 3 volumes, 1999, (Prix Saint Exupéry 2000)

CHEZ D'AUTRES ÉDITEURS

Sagesses et malices des anges et des pauvres diables, illustré par Emmanuel Kerner, Albin Michel, 2006
Contes de la cave, Seuil, 2003, illustrations de François Roca (Prix : Cabourg 2003, Narbonne 2004, *Tatoulu* 2005)
Contes du grenier, illustré par François Roca, Seuil, 2002
Une nuit de Noël, illustré par Christophe Durual, Seuil, 2002

DU MÊME ILLUSTRATEUR
(BIBLIOGRAPHIE SÉLECTIVE)

Graines de Cabanes, 2005, Gautier-Languereau
Le Grand orchestre Von Bémol, 2005, Gautier-Langereau
375 vœux, 2004, Gautier-Languereau
Angèle au bout de la nuit, 2003, Gautier-Languereau
Cache-Lune, 2002, Gautier-Languereau
Mes premières prières, 2001, deux coqs d'or
Barnabé, le chat-beuulé, 2000, les anizozos, Gautier-Languereau
Gaspard le Renard et Gaston le Héron, 1999, les anizozos, Gautier-Languereau
Au Pays de l'alphabet, 1999, grands livres pour grands poètes, Gautier-Languereau

www.editions-du-jasmin.com
ISBN-10 : 2-912080-68-1
ISBN-13 : 978-2-912080-68-4

À nos professeurs de français
qui ont su nous donner l'amour
de la lecture et de l'écriture,
et en particulier :
Mademoiselle Dionnet,
Monsieur Asmar,
Mademoiselle Diot.

E. & B. de Saint Chamas

Lettres anonymes

Peut-être avez-vous déjà croisé Germaine dans la rue. Mais quand bien même l'auriez-vous rencontrée, il y a fort à parier que vous ne l'avez pas remarquée, car cette petite femme est la discrétion incarnée. Elle rougit quand on s'adresse à elle, s'excuse avant de parler, se tient à l'écart des groupes, se laisse doubler dans les files d'attente.

Germaine, c'est la concierge du numéro 3 de la rue Croix-des-Petits-Champs, à deux pas du Louvre.

On sait très peu de choses d'elle. À vrai dire, on sait simplement qu'elle habite seule dans la loge du rez-de-chaussée et qu'elle passe ses journées à rendre service aux habitants de l'immeuble sur lesquels elle veille comme une petite fée.

Depuis des années, les journées de Germaine se suivent et se ressemblent.

Elle se lève à cinq heures du matin pour sortir les poubelles, nettoyer les cent-trente-deux marches et les six paliers de l'immeuble, briquer la rampe d'escalier et brosser les paillassons.

À sept heures, elle va donner du pain aux pigeons du jardin du Palais Royal, qui est un peu plus loin, du côté de la rue Montpensier.

À huit heures, elle va promener Margilin, le chien de Monsieur Robin, du quatrième étage.

À neuf heures, elle va à l'épicerie du 23, rue Croix-des-petits-champs pour faire les courses de Madame Jullier, la vieille dame du second qui marche difficilement.

Mais son moment préféré, c'est dix heures, l'heure de passage du facteur.

Elle guette son arrivée, de la fenêtre de sa loge. Comme elle est heureuse quand le postier glisse le courrier dans la fente de sa boîte aux lettres ! Elle prend les lettres avec un respect infini, lit avec délectation les écritures, contemple les timbres, puis classe les lettres par petits paquets avant de les distribuer dans l'immeuble, en commençant toujours par le dernier étage. C'est en déchiffrant les noms et adresses écrits sur les enveloppes qu'elle avait appris à lire et à écrire.

Ainsi commençaient, depuis des années et des années, les journées de Germaine.

Jusqu'au jour où débuta cette histoire…

Ce matin-là, Germaine reçut un gros paquet destiné à Monsieur Grimbert, du troisième étage. Quelqu'un d'important, ce Monsieur Grimbert-du-troisième ! Dans l'immeuble, c'est lui qui recevait le plus de lettres. Et pas n'importe lesquelles : elles venaient souvent de la Préfecture de Police, du Trésor Public, d'huissiers de justice. Bref, que des gens haut placés.

Pensant qu'il y avait urgence, Germaine monta aussitôt le paquet et sonna à la porte du troisième.

– Bien le bonjour, Monsieur Grimbert. Dans le courrier de ce matin, il y avait ce colis. Je vous l'ai apporté tout de suite parce que ça avait l'air important.

– Merci, merci, vous avez bien fait. Rien d'autre ?

– Je n'ai pas encore regardé le courrier arrivé ce matin. J'y vais de ce pas et je remonte distribuer toutes les lettres.

– Toutes, sauf les lettres qui vous sont destinées, bien sûr, reprit l'homme, en refermant la porte.

Ce n'étaient que des mots prononcés comme ça, en l'air, à la légère. Pourtant ces quelques paroles marquèrent profondément la concierge. Recevoir du courrier, elle, Germaine ? Cela ne lui était jamais arrivé. L'idée ne l'avait d'ailleurs jamais effleurée. Qui, du reste, pourrait bien lui écrire ? Elle ne connaissait personne en dehors des gens de l'immeuble, de l'épicier-du-23-rue-Croix-des-petits-champs et des quelques commerçants du voisinage… Et elle n'avait pas de famille. Alors, qui pourrait bien s'intéresser à elle ?

Le simple fait que Monsieur Grimbert-du-troisième pensât

qu'elle était digne de recevoir du courrier ouvrait soudain chez elle un horizon complètement nouveau et bigrement enivrant. Pendant toute la journée, puis toute la nuit, elle y songea. Et c'est le lendemain matin, tandis qu'elle promenait Margilin, le chien de Monsieur Robin-du-quatrième, qu'elle eut une idée.

« Si les gens de l'immeuble reçoivent des lettres, c'est parce qu'ils en écrivent. Si je veux recevoir des lettres, c'est simple, il faut d'abord que j'en envoie », se dit-elle.

Pourtant, les choses n'étaient pas aussi faciles. Écrire, d'accord, mais à qui ? Envoyer une lettre à quelqu'un de l'immeuble ou à l'épicier-du-23, elle sentait bien que c'était ridicule. Quant à écrire à des inconnus, elle était bien trop timide pour cela.

Ce fut seulement le soir, tandis qu'elle reprisait les chaussettes de Monsieur Grimbert-du-troisième, qu'elle trouva la solution. Ses yeux venaient de tomber sur le « Guide des chefs-d'œuvre du Louvre », posé sur sa table de nuit. C'était le seul livre que Germaine possédait ; elle l'avait lu cent fois, peut-être mille. C'est Madame Jullier-du-second qui le lui avait offert pour les étrennes, quelques années auparavant.

– Voilà ce que je vais faire, décida la concierge : je vais écrire aux personnages célèbres du musée du Louvre.

Dès le lendemain matin, sitôt les courses faites à l'épicerie-du-23 pour Madame Jullier-du-second, Germaine se précipita au bureau de poste et acheta cinq timbres, cinq enveloppes et du beau papier à lettres.

De retour dans sa petite loge, elle s'installa confortablement devant la fenêtre et commença à feuilleter le livre des chefs-d'œuvre du Louvre. Elle tourna consciencieusement les pages du guide, les regarda attentivement et finit par sélectionner cinq personnages.

Le premier était *le Scribe accroupi,* parce que cet Égyptien avait des yeux étonnants et que c'était un homme d'écriture.

Son deuxième choix se porta sur *la Joconde,* parce que Germaine la trouvait infiniment belle et mystérieuse.

Comme troisième destinataire, Germaine retint la femme symbolisant *la Liberté guidant le peuple,* peinte par Eugène Delacroix, avec son drapeau à la main, debout sur les barricades : elle était tellement fière et courageuse.

Son quatrième choix se porta sur *la Dentellière,* une peinture de Vermeer, parce que Germaine se retrouvait un peu dans cette femme travailleuse.

Enfin, elle choisit le tableau du *jeune mendiant* peint par Murillo, parce qu'il devait être bien seul, comme elle.

Elle avait pensé, un moment, écrire à la célèbre Vénus de Milo, mais elle avait renoncé. Ce n'était pas délicat d'écrire à une statue sans bras : elle aurait pu se sentir offensée et, d'ailleurs, comment aurait-elle pu répondre ?

Germaine avait même caressé un instant l'idée d'écrire à la momie égyptienne, qui l'avait toujours fascinée, mais elle avait finalement décidé que c'était un peu macabre.

Aux cinq chefs-d'œuvre retenus, elle écrivit la même lettre :

Bonjour,

Je m'appelle Germaine et je suis la gardienne du 3, rue Croix-des-petits-champs.

Je vous admire beaucoup et j'aimerais bien faire votre connaissance.

Vous pouvez m'écrire si vous voulez, mais vous n'êtes pas obligé.

Germaine.

Elle glissa les lettres dans les enveloppes sur lesquelles elle inscrivit le nom et l'adresse des destinataires. Puis elle colla les timbres et sortit de sa loge.

Tandis qu'elle trottait à petits pas impatients sur le trottoir, elle croisa Monsieur Grimbert-du-troisième.

– Où allez-vous comme ça ? demanda-t-il

– Je vais à la poste pour poster des lettres que j'ai écrites moi-même, dit-elle fièrement.

– Ça tombe bien. J'y vais aussi. Donnez-moi vos lettres, je les posterai pour vous.

– Vous êtes trop gentil, Monsieur Grimbert, les voici. Mais si vous préférez, je peux y aller, moi, et poster votre courrier.

– Non, non, laissez, je m'en occupe.

L'homme prit les cinq lettres avec un sourire exagéré. Au

fond de lui, il pensait : « À qui peut-elle bien écrire, cette vieille chouette ? »

Lorsqu'il fut seul, il jeta un œil sur les enveloppes et y lut successivement :

Monsieur le Scribe accroupi
Musée du Louvre
Paris

Madame la Joconde
Musée du Louvre
Paris

Madame la Liberté guidant le peuple
Musée du Louvre
Paris

Madame la Dentellière
Musée du Louvre
Paris

Monsieur le jeune mendiant
Musée du Louvre
Paris

– C'est bien ce que je pensais, marmonna Monsieur Grimbert-du-troisième, cette vieille toupie est encore plus timbrée que ses enveloppes. C'est trop bête de gâcher des timbres pour ces bêtises. Allez, hop, il n'y a pas de petites économies !

Il décolla les cinq timbres des enveloppes, les glissa dans son portefeuille, et jeta les lettres dans le caniveau.

Par miracle, un jeune garçon retrouva un peu plus tard l'une des cinq lettres. Il pensa que son propriétaire l'avait perdue. Comme il avait un peu d'argent de poche sur lui et qu'il était d'un naturel généreux, il acheta un timbre, le colla sur l'enveloppe et posta la lettre...

Une semaine après, Germaine reçut une réponse.

Elle pensa tout d'abord avoir mal lu.

Non, pas d'erreur, c'était bien son nom qui était écrit sur l'enveloppe :

Germaine
Petite loge du rez-de-chaussée
3, rue Croix-des-petits-champs
Paris

Ensuite, la gardienne se demanda si elle n'était pas en train de rêver. Elle se pinça. Non, elle était bien éveillée.

Alors elle décacheta l'enveloppe. Voici ce qu'elle lut :

Chère Germaine,

Votre lettre m'a fait très plaisir.
Prenons le temps de faire connaissance et continuons à nous écrire.

Peut-être, après, pourra-t-on se rencontrer. Qu'en dites-vous ?

M…

Post-scriptum : par souci de discrétion, et pour éviter que nos correspondances se perdent, je vous propose, quand vous voudrez m'écrire, de déposer discrètement vos lettres au musée du Louvre dans la salle Saint-Louis. Tout au fond de cette salle médiévale, peu fréquentée par le public, il y a trois niches laissées dans l'ombre ; au fond de celle qui est la plus à gauche, il y a un trou dans le mur : ce sera, si vous le voulez bien, notre boîte aux lettres. J'y déposerai aussi mes messages.

Germaine était partagée entre la surprise et la joie.

La joie de recevoir, pour la première fois de sa vie, une lettre.

La surprise, parce qu'elle ignorait totalement l'identité de celui ou de celle qui venait de lui écrire, et dont la signature se résumait à une simple lettre « M ».

Elle se remémora à voix haute le nom des cinq personnages auxquels elle avait écrit :

– Voyons… Scribe, ça commence par un « S », Joconde par un « J », la Liberté guidant le peuple par un « L ». Quant à la Dentellière, c'est un « D »… Ce doit donc être le jeune « Mendiant », peint par Murillo. Ça doit correspondre : « M » comme mendiant, ou comme Murillo.

De sa plus belle plume, elle écrivit aussitôt une lettre :

Cher M... ,

Je crois que j'ai deviné qui vous êtes.

Je suis d'accord : écrivons-nous pour mieux nous connaître.

Je déposerai les lettres à l'endroit que vous avez choisi. Et quand vous voudrez qu'on se rencontre, dites-le moi.

Germaine.

Le lendemain, aussitôt après avoir distribué le courrier dans les étages, elle se rendit au Louvre avec sa lettre. La rue Croix-des-petits-champs n'était pas très loin du musée, mais Germaine n'y était pourtant jamais allée. Quelle aventure ! Et quel éblouissement quand elle y entra ! Elle erra plusieurs heures, les yeux ouverts du plus grand qu'elle pouvait pour ne rien perdre des merveilles qui l'entouraient.

Quand elle se retrouva dans la salle Saint-Louis, dernier reste du corps de logis de l'ancien Louvre médiéval, elle s'approcha discrètement de la troisième niche et n'eut aucune peine à repérer le trou dans le mur. Elle y glissa soigneusement son message.

Elle attendit deux jours avant de revenir au Louvre. Cette fois-ci, elle alla directement dans la salle Saint-Louis. Victoire ! Il y avait un papier plié au fond du trou. Le cœur battant, elle lut :

Chère Germaine,

C'est une très grande joie pour moi de vous lire et de savoir que vous acceptez que nous apprenions à nous connaître.

J'aimerais en savoir un petit peu plus sur vous.

Mo…

– « Mo » ? s'exclama Germaine. La deuxième lettre devrait être un « e », pas un « o ». Ça ne colle pas avec « Mendiant », ni avec « Murillo ».

Pendant le trajet du retour, elle réfléchit à cette énigme.

– … à moins que « Mo » ne soit le début de « Monsieur ». Ce qui signifie alors que mon correspondant peut tout aussi bien être « Monsieur le Scribe accroupi » que « Monsieur le jeune mendiant ».

De sa plus belle plume, elle répondit :

Cher Mo… ,

Je croyais savoir qui vous étiez, mais je n'en suis plus certaine. C'est que j'ai envoyé des lettres à plusieurs personnes du Louvre que j'ai découvertes grâce à un très beau livre que vous connaissez sûrement : il s'appelle « Guide des chefs-d'œuvre du Louvre ». Alors, voyez-vous, comme vous ne signez pas votre lettre, je ne sais pas si vous êtes le scribe ou le mendiant. Pouvez-vous me donner un indice ?

Vous vouliez que je parle de moi ? Je veux bien, mais je vous ai presque tout dit dans ma première lettre. Je suis née dans mon immeuble, dans la loge où j'habite, au 3, rue Croix-des-petits-champs. Ma maman y était gardienne. Quand elle est morte, j'avais 13 ans et je l'ai remplacée. Je n'ai pas de famille. Mais tous les gens de l'immeuble sont très gentils avec moi. Ce sont des gens très bien, vous savez. Peut-être pourrai-je vous les présenter un jour ? Et puis il y a aussi l'épicier du 23 qui est toujours très généreux avec moi. Il me fait souvent des prix.

J'espère qu'on pourra être amis et j'attends votre réponse.

Germaine.

Deux jours plus tard, elle récupéra la réponse au fond de la niche de la salle Saint-Louis :

Chère Germaine,

Merci pour votre très gentille lettre.

Je ne pourrai malheureusement pas rencontrer vos amis de la rue Croix-des-petits-champs parce que, voyez-vous, je ne sors jamais du Louvre.

C'est dommage, j'aimerais bien venir chez vous, dans votre loge. C'est drôle : vous habitez dans une loge, comme les artistes…

Vous vouliez un indice pour découvrir qui je suis ? Lisez attentivement cette lettre, et vous le trouverez.

À très bientôt. Je pense effectivement que nous deviendrons amies.

Mon…

Germaine lut et relut la lettre.

– C'est étrange, il me parle d'un indice, mais je ne vois rien. En tout cas, j'avais raison : la troisième lettre est un « n ». C'est bien le début de « Monsieur ». Mais ça ne me dit pas s'il s'agit du scribe ou du mendiant.

C'est seulement le lendemain, en promenant Margilin, le chien de Monsieur Robin-du-quatrième qu'elle eut une illumination.

– « Amies » ! s'exclama-t-elle, il y avait écrit « amies », avec un « e ». J'avais tout faux : c'est une femme qui m'écrit !

Pourtant, loin de faire progresser l'enquête, cette découverte ne faisait au contraire que la compliquer. Car la signature ne correspondait à aucune des femmes célèbres à qui elle avait écrit.

Alors elle commença à échafauder des hypothèses, toutes plus farfelues les unes que les autres. Elle alla même jusqu'à envisager que tout cela n'était peut-être qu'une farce : une gardienne de musée pouvait avoir intercepté ses lettres et voulait s'amuser. Mais qu'importait, après tout ? Germaine était heureuse. Elle avait envie de savoir, de connaître celle qui lui écrivait.

Voici ce qu'elle écrivit à son amie inconnue :

Chère Mon… ,

J'ai mis un peu de temps, mais j'ai fini par comprendre votre indice.

En revanche, je n'ai toujours pas trouvé qui vous êtes. Je vous ai tout dit sur moi : pouvez-vous m'en dire un peu plus sur vous ?

Même si je ne vous connais pas encore vraiment, je crois que vous êtes maintenant ma meilleure amie.

Germaine.

La réponse ne se fit pas attendre. Dès le lendemain, voici le message qu'elle trouva dans la cachette de la salle Saint-Louis :

Chère Germaine,

Je vous considère aussi comme mon amie.

Comme vous le souhaitiez, je vais vous donner un indice qui vous permettra de découvrir qui je suis : je suis italienne.

Monn…

De retour dans sa loge, la concierge se précipita sur son livre des chefs-d'œuvre du Louvre.

– Ce n'est pas la « Dentellière » de Vermeer : le livre dit

CHEFS D'ŒUVRE
du LOUVRE

qu'elle est hollandaise. Ce n'est pas non plus la « Liberté guidant le peuple », puisqu'elle porte le drapeau français… Reste la Joconde… Mais oui, bien sûr, où avais-je la tête : le vrai nom de la Joconde, c'est Monna Lisa. La solution était là, dans le guide, et je ne l'avais même pas vue.

Elle écrivit aussitôt sur un papier cette simple question :

Êtes-vous Monna Lisa ?

Votre amie Germaine.

Dès le lendemain, elle avait sa réponse :

Chère Germaine,

Oui, c'est bien moi, vous m'avez reconnue.
Je pense que nous pouvons à présent nous rencontrer.
Je vous donne rendez-vous cette nuit, à minuit, devant mon tableau. Vous n'aurez pas de difficultés à me trouver dans le musée : je suis assez bien indiquée.
À ce soir, j'espère…

Votre amie Monna Lisa.

Germaine était aux anges. Elle dansa, toute seule, dans le musée, sous le regard étonné des visiteurs. Puis, regardant sa montre, elle se dit :

– Il faut que je rentre dans ma loge pour me préparer. J'ai rendez-vous avec ma meilleure amie.

De retour rue Croix-des-petits-champs, elle se farda, se coiffa, essaya toutes ses robes, choisit celle avec des fleurs jaunes, mit le collier de sa maman qu'elle ne sortait que pour les grandes occasions. Monna Lisa avait raison, Germaine n'était plus dans une loge de concierge, mais dans une loge d'artiste.

C'est toute pimpante et rose de bonheur qu'elle se dirigea vers le Louvre, en fin d'après-midi. Elle se mêla à la foule, en profita pour visiter une nouvelle fois le musée. Puis, quand les haut-parleurs annoncèrent la fermeture imminente des salles, elle se blottit dans un petit coin d'ombre, derrière une statue monumentale.

Elle s'endormit…

Quand elle se réveilla, la nuit était tombée.

Le silence était absolu.

Germaine traversa la salle, puis la suivante, monta des escaliers, puis d'autres, s'émerveilla devant les magnifiques bijoux égyptiens ou étrusques, s'extasia devant les merveilleux reliquaires du Moyen-Age, s'étonna devant les immenses statues assyriennes de taureaux ailés, s'ébahit devant les splendides fresques de Botticelli.

Le spectacle était d'autant plus féerique que la lumière de la lune, qui pénétrait par les grandes fenêtres, habillait tous ces trésors d'une mystérieuse parure argentée.

Mais Germaine n'en oubliait pas pour autant son rendez-vous de minuit.

Il était onze heures quand elle arriva dans la grande Salle des États où trône la Joconde, en face de l'immense tableau des *Noces de Cana*, peint par Véronèse.

Germaine se planta devant la Joconde, lui décocha un grand sourire et chuchota :

– Voilà, c'est moi, Germaine, votre amie. Je suis un peu en avance, mais ne vous en faites pas pour moi. J'ai tout mon temps et je vais en profiter pour vous admirer. Vous êtes tellement belle…

Elle s'assit sur le sol et, pendant de longues minutes, resta silencieuse, en extase devant son amie.

À la cloche de l'église Saint-Germain l'Auxerrois, minuit sonna.

C'est au douzième coup que le tableau s'anima.

Le célèbre sourire énigmatique de Monna Lisa se mua en un franc sourire. Puis, avec une grâce infinie, la Joconde sortit de son cadre, s'approcha doucement de Germaine et la prit dans ses bras :

– Comme je suis heureuse de vous rencontrer, dit la Joconde.

– Et moi donc, répondit la concierge, rouge de bonheur et de confusion.

– Nous avons mille choses à nous raconter, reprit la belle italienne. Mais je vais commencer par vous présenter le Palais du Louvre.

– Je veux bien mais, voyez-vous, je le connais un peu. Depuis que j'ai commencé à vous écrire, je suis venue presque tous les jours.

– Vous connaissez le Louvre du jour, mais pas le Louvre de la nuit. Cela n'a rien à voir. Écoutez, et regardez autour de vous…

Germaine regarda autour d'elle et tendit l'oreille.

La Joconde avait raison. Quelque chose avait changé. Une rumeur était en train de monter. Assez vite, Germaine perçut des voix, des rires, des bruits, des chants et des musiques. Et puis l'immense tableau des *Noces de Cana*, en face d'elle, commença à s'animer lui aussi. Les hommes et les femmes, autour de la table de banquet, trinquaient, buvaient, parlaient. La concierge se serait crue devant un immense écran de cinéma. Mais c'était bien plus magique que cela, car le marié et la mariée représentés sur la toile se levèrent, sortirent du tableau et commencèrent à danser dans la grande salle des États, encouragés par les applaudissements et les hourras de tous les convives.

– Allons nous promener, proposa la Joconde.

Les deux amies arrivèrent dans la grande galerie du Louvre. Un spectacle incroyable y attendait Germaine.

Tous les tableaux accrochés au mur étaient vides, et les personnages qu'ils contenaient encore quelques instants auparavant déambulaient tranquillement, conversaient entre eux, jouaient ou méditaient.

Mais ce n'était pas tout. Même les statues étaient vivantes et participaient à ce ballet nocturne ; au plafond, des angelots voletaient çà et là en se chamaillant délicieusement ; plus loin, un athlète grec et une reine égyptienne magnifiquement parée, vraisemblablement sortie d'un bas-relief, contaient fleurette.

– Comme c'est beau ! s'exclama Germaine. C'est toutes les nuits comme ça ?

– Oui, toutes les nuits. De minuit à l'aube, et on appelle ça la fête nocturne.

À cet instant, elles croisèrent quatre individus étranges, qui marchaient gauchement en se tenant par la main. Leur visage et tout leur corps était fait de fruits, de fleurs, d'écorces ou d'animaux. Ils s'inclinèrent avec grâce tout en disant :

– Bonne fête nocturne, Mesdames.

– Bonne fête nocturne, répondit Monna Lisa.

– Je les reconnais ! Ce sont *Les quatre saisons* peintes par Arcimboldo. Ces quatre tableaux sont dans mon livre : le printemps, c'est celui de gauche, l'été, on le reconnaît avec son habit d'épis de blé…

Un peu plus loin, elle vit quantité d'enfants qui formaient une grande farandole, du plus petit au plus grand. Il y avait des statues venues de toutes les régions du monde et de toutes les époques, des peintures ou des dessins de tous les styles, et toute une ribambelle de petites statuettes animées fermaient le cortège.

– Le *jeune mendiant* de Murillo ! Il est là, au milieu de la farandole ! s'exclama Germaine, les yeux brillants.

– Il s'appelle Musaraigne, répondit la Joconde, vous voulez que je l'appelle ?

– Non, laissez-le, il a l'air de tellement s'amuser. Et moi qui le croyais triste et seul, je suis bien contente qu'il ait autant d'amis…

À cet instant, un bruit de trompettes retentit.

– Qu'est-ce que c'est ? demanda la concierge.

– Ça ? C'est le défilé des têtes couronnées.

– Des têtes couronnées ?

– Oui, des rois, des empereurs, des pharaons, des présidents, des califes…

Escortés par des gardes de tous styles, de toutes tailles et de toutes époques, les têtes couronnées passèrent devant les deux amies. Germaine vit plusieurs *Napoléon*, les uns de bronze, les autres de marbre ou de peinture, elle reconnut le pharaon *Aménophis IV*, reconnaissable à son physique étrange, mais aussi *François Ier*, *Charles VII*, *Jules César*. Il y avait quantité d'autres souverains qu'elle ne connaissait pas et qui marchaient avec majesté, l'air digne et martial.

– Ils défilent comme ça toutes les nuits ? demanda Germaine.

– Oui.

– Où vont-ils ?

– Ils vont dans la galerie d'Apollon pour choisir la reine de la nuit. Venez. Suivons-les.

Le cortège poursuivit sa route, et tous les chefs-d'œuvre animés du Louvre se mêlaient à cette somptueuse procession qui parcourut quantité de couloirs, de salles, de souterrains et d'escaliers majestueux. Enfin la colonne s'arrêta au bout de la magnifique galerie d'Apollon, devant les sublimes bijoux de la couronne.

Les têtes couronnées se concertèrent. Puis un roi que Germaine ne connaissait pas s'avança et dit, d'une voix solennelle :

– La reine de cette nuit est Germaine, car tel est notre bon plaisir !

Une nuée d'applaudissements crépita aussitôt.

Une jolie vestale grecque sortit de sa vitrine une sublime couronne sertie de diamants et d'émeraudes et la posa délicatement sur la tête de Germaine.

Une autre vestale lui apporta un manteau d'hermine et une troisième le célèbre sceptre de Charles V.

Inutile de vous préciser que Germaine était aux anges.

Quatre statues d'athlètes grecs de marbre blanc s'avancèrent avec une chaise à porteurs. On y fit monter la reine de la nuit.

Puis l'immense cortège se remit en mouvement, avec des allures de carnaval. On y voyait des musiciens qui jouaient à tout rompre, des enfants qui faisaient des cabrioles, des fous

qui multipliaient acrobaties et pitreries, mais aussi des satyres, reconnaissables à leurs pieds de bouc, et même des lions de bronze ou de pierre, étonnamment civilisés.

La fête dura toute la nuit.

Aux premières lueurs de l'aube, tout le monde commença à se disperser en silence.

Les vestales reprirent la couronne, le manteau et le sceptre pour les remettre à leur place.

Monna Lisa embrassa Germaine et lui dit, avec une pointe de tristesse dans la voix :

– J'espère que vous reviendrez me voir. Merci pour l'immense cadeau que vous m'avez fait.

– Un cadeau, moi ? Mais c'est vous qui m'avez fait un cadeau. Vos lettres, puis votre invitation à cette fête extraordinaire…

– Non, reprit doucement l'italienne, vous m'avez fait cadeau de votre confiance, de votre cœur et de votre amitié. Ce sont trois trésors infinis.

Germaine ne sut que répondre et resta muette.

Elle vit sa belle amie s'éloigner, puis disparaître au loin, comme un songe.

Alors la concierge prit son courage à deux mains.

Elle se précipita vers la salle des États et rattrapa la Joconde avant qu'elle n'ait regagné sa toile.

– Attendez, Monna Lisa. Ne me laissez pas toute seule. Je veux rester avec vous. Vous êtes ma seule amie. Si je sors du musée, je ne suis pas sûre de pouvoir revenir. Si un gardien me surprend, je n'aurai plus le droit de rentrer, et je mourrai de chagrin si je ne peux plus vous voir. Je vous en prie, emmenez-moi dans votre toile.

– Dans ma toile ? J'aimerais énormément, bien sûr, mais c'est impossible. Des milliers et des milliers de gens me scrutent tous les jours. Ils ne comprendraient pas…

– Il doit pourtant bien y avoir une solution, supplia encore Germaine.

La Joconde hésita, regarda autour d'elle, puis un sourire éclaira son visage.

– J'ai peut-être une idée, dit-elle.

Le lendemain matin, le conservateur en chef du département des peintures organisait une visite guidée des chefs-d'œuvre du musée du Louvre.

Arrivé dans la salle des États, il fit une brillante et savante présentation des principaux tableaux, en commençant par la Joconde, puis en poursuivant par l'immense tableau des *Noces de Cana* de Véronèse, qui lui fait face.

– … et vous pouvez remarquer, en bas à droite du tableau, les serviteurs qui versent dans les jarres cette eau que Jésus a miraculeusement changée en vin. On peut facilement imaginer que ce bon vin va réjouir les vingt-sept invités assis autour de cette table.

À cet instant, un vieil homme à l'œil affûté fit remarquer :

– Excusez-moi, Monsieur, j'ai compté, et il y a vingt-huit

personnes autour de la table. Pas vingt-sept.

– Non, je vous assure qu'il n'y en a que vingt-sept.

– Comptez vous-même, vous verrez. J'ai recompté cinq fois.

Étonné, le conservateur compta, recompta, recommença encore et encore.

Il finit par se rendre à l'évidence :

– Vous avez pourtant raison. C'est étrange…

L'ascenseur du *Bon Bazar*

On ne doit pas s'abriter sous un arbre pendant l'orage, ni agiter un chiffon rouge sous le nez d'un taureau, pas plus qu'il ne faut utiliser un séchoir électrique dans son bain ou téléphoner en conduisant.

Tout cela, vous le savez. Je ne vous apprends rien.

À ces recommandations bien connues, laissez-moi en ajouter une autre : évitez de parler dans un ascenseur, cela peut être dangereux.

Vous raillez, vous ricanez, vous vous moquez ? Vous avez bien tort. Laissez-moi plutôt vous raconter cette histoire…

Elle s'est passée à deux pas d'ici, au *Bon Bazar*.

Le *Bon Bazar*, vous savez, c'est cet antre merveilleux, à deux pas du Louvre, où l'on peut trouver bijoux, vêtements, livres, jouets, tout ce dont petits et grands peuvent rêver.

Dans ce magasin rutilant, à côté de l'escalier principal,

trône un ascenseur. Un vieil ascenseur majestueux, impérial, aux parois capitonnées de velours pourpre, au plancher ciré, avec une grille dorée et un petit lustre en cristal de roche. De l'aube au crépuscule, la vénérable cabine dessert les sept étages du grand magasin, fidèlement, inlassablement, dans un ballet presque incessant.

Un jour, le directeur du *Bon Bazar* décida d'embaucher un liftier. Le « garçon d'ascenseur » serait chargé d'ouvrir la porte, d'accueillir les clients et de les conduire à l'étage souhaité. Mais son travail ne s'arrêterait pas là. Il devrait aussi profiter des trajets pour flatter ces dames, complimenter ces messieurs, distribuer des friandises aux enfants. « Clients choyés, achats assurés », telle était la devise du directeur.

C'est Raoul, un tout jeune homme à la mine avenante, qui fut retenu pour le poste. Bavard comme un coiffeur, hypocrite et obséquieux à souhait, il avait toutes les qualités nécessaires à une telle mission. On lui remit son uniforme orné d'un insigne doré et il commença son office.

Ah, il savait y faire, ce bougre de bonimenteur ! Les clients ne tarissaient pas d'éloges sur lui. Il était si charmant, si prévenant. D'ailleurs, à compter de ce jour, les ventes du magasin progressèrent, confirmant la devise du directeur qui, vous le pensez bien, était fort aise.

Tout était donc pour le mieux dans le meilleur des mondes au *Bon Bazar*.

Enfin… tout aurait été parfait si l'ascenseur n'avait pas commencé à manifester quelques signes de fatigue. Une fois, c'était la grille qui se coinçait ou la lumière du lustre qui s'éteignait. Une autre fois, l'ascenseur était secoué de soubresauts peu rassurants, quand il ne s'immobilisait pas carrément entre deux étages.

À chaque panne, le réparateur accourait avec un air profondément courroucé. Il n'appréciait visiblement pas d'être ainsi dérangé sans cesse. En un tournemain, il remettait l'ascenseur d'aplomb et repartait en maugréant.

Un soir – c'était la veille de Noël –, un nouvel incident se produisit. Une vieille dame venait d'entrer dans l'ascenseur, coiffée d'un chapeau qu'elle venait sûrement de s'offrir. Raoul l'accueillit avec un florilège de compliments quand, soudain, l'ascenseur se mit tout seul en marche. Il monta, s'immobilisa, puis descendit à une vitesse vertigineuse avant de repartir vers le haut de façon saccadée, puis de retomber en chute libre jusqu'au niveau du premier étage où, heureusement, il s'arrêta enfin. Il fallut des sels pour ranimer la cliente qui, je vous prie de me croire, ne remit pas de sitôt les pieds dans un ascenseur.

Le réparateur accourut, furieux d'être sollicité une nouvelle fois :

– On n'a pas idée de déranger les gens ainsi, une veille de fête, lança-t-il, visiblement très énervé.

– Ah, les machines ! fit Raoul, un peu gêné.

– Bien sûr, les machines, les machines… C'est toujours de leur faute, aux machines, gronda le technicien. Comme c'est pratique de toujours accuser les autres, quand on fait des bêtises !

– Des bêtises ? Mais je vous jure que je n'ai rien fait, Monsieur.

– Rien fait ? En es-tu bien sûr ? Je suis prêt à parier ma belle-mère que tu as encore parlé dans l'ascenseur, moulin à paroles, robinet d'eau tiède, considérable bavard !

– Euh… je ne vois pas…

– Eh bien apprends, jeune écervelé, que les ascenseurs sont faits pour monter ou descendre, pas pour bavasser ! cracha l'homme. Si tu étais moins bavard, je serais moins dérangé.

– Je… je ne vous suis plus.

Le réparateur se mordit la lèvre inférieure, comme s'il en avait trop dit. Il se gratta la tête, en proie à une intense réflexion. Sa colère était complètement retombée, et c'est avec une voix douce et posée qu'il murmura à l'oreille du liftier :

– Mon ami, es-tu capable de garder un secret ?

– Oui, bien sûr. Mais je ne comprends vraiment pas où vous voulez en venir.

– Allons prendre un verre et je te révélerai un secret : le secret des ascenseurs…

Les deux hommes s'installèrent à une terrasse de café ; le

réparateur rapprocha sa chaise de celle du liftier :

– Avant tout, je te demande de ne jamais répéter ce que je vais te dire. Personne ne doit savoir. Tu me le promets ?

– Promis, juré !

– Parfait. Je te fais confiance. Voyons, par où commencer ? Ah oui. Je sais. Dis-moi, as-tu des phobies ?

– Des phobies ? s'étonna le liftier.

– Oui, des phobies. Tu sais, cette grande peur inexpliquée qu'on a tous en nous. Pour certains, c'est le vertige ; pour d'autres, c'est la claustrophobie. Il y a aussi ceux qui ont peur des araignées, du noir, ou même de leur ombre. Tout le monde a ses phobies.

– Mais quel rapport avec les ascenseurs ? se permit de demander Raoul.

– Eh bien, mon ami, apprends qu'il y a aussi une phobie des ascenseurs, dit l'homme avec un ton empreint d'une grave solennité.

– C'est ça, votre secret ? Désolé de vous décevoir, mais vous ne m'apprenez rien. Je croise tous les jours des gens qui préfèrent prendre l'escalier parce qu'ils ont peur des ascenseurs.

– Tu ne m'as pas compris, reprit le technicien en secouant la tête. Il y a des gens qui ont la phobie des ascenseurs, bien sûr. Mais ça marche également dans l'autre sens : les ascenseurs aussi ont leurs phobies. En temps normal, un ascenseur est obéissant : quand tu lui demandes de monter à un étage, il monte à cet étage. Quand tu lui demandes de redescendre, il redescend…

– Sauf quand il devient fou, comme tout à l'heure, glissa le liftier.

– Précisément ! Si ton ascenseur est devenu fou, c'est que, sans le savoir, tu as prononcé l'un des trois mots interdits.

– L'un des trois mots interdits ?

– Oui, ceux qui déclenchent une phobie chez l'ascenseur. Il existe trois mots auxquels tout ascenseur est allergique. Si tu prononces l'un de ces trois mots, il prend peur, ou s'énerve. En tout cas, il a une réaction anormale. Plus le mot est prononcé fort, plus l'ascenseur réagit violemment.

– Mais c'est absurde.

– Peut-être, mais c'est comme ça.

– Alors à chaque fois que l'ascenseur tombe en panne, c'est que je viens de prononcer l'un de ces trois mots ?

– Pas forcément toi. Ça peut être aussi n'importe quel autre passager de l'ascenseur. Cela dit, comme on te surnomme le « bavard du bazar », je pense que c'est souvent toi qui affoles l'ascenseur. Et cela m'agace.

– C'est dingue !

– Oui, cela m'a surpris aussi, la première fois qu'on me l'a dit.

– Comment savez-vous tout cela, au fait ?

– On apprend ça en première année de l'École Supérieure des Réparateurs d'Ascenseurs. C'est une sorte de secret professionnel qui est transmis aux étudiants de l'école.

– Et personne d'autre ne le sait ?

– Très peu de gens sont au courant, en dehors de nous autres, réparateurs : il y a le président, les ministres, ainsi que quelques députés.

– Mais si c'est un secret professionnel, pourquoi me racontez-vous tout ça ?

– Parce que je te fais confiance. Euh… et aussi pour ne plus être dérangé sans cesse, comme c'est le cas depuis que tu travailles ici. Quand je t'aurai donné les trois mots qu'il ne faut pas prononcer, je pourrai enfin respirer. Finies les pannes de l'ascenseur du *Bon Bazar*. Ah ! il m'en aura donné des soucis, celui-là, depuis ton arrivée.

– Alors, quels sont ces trois mots interdits ?

– Essaye de te souvenir : quels sont les derniers mots qui ont été dits dans l'ascenseur juste avant qu'il commence à mal fonctionner ?

– Voyons… Je crois que je venais de dire à une vieille dame qu'elle avait un joli chapeau…

– Tu te souviens de la phrase exacte ?

– J'ai dit très exactement : « Oh, Madame, quelle splendeur ! Ce chapeau vous va à ravir. Sa couleur vous donne un teint de jeune fille. Et quelle bonne idée, toutes ces belles plumes d'autruche. »

– *Plume* ! s'exclama le réparateur d'ascenseur. C'est l'un des trois mots interdits.

– Diable ! Et les autres ?

– Les deux autres phobies de ton ascenseur sont les mots *or* et *grenouille*.

– Cela veut dire que si quelqu'un dit *plume, grenouille* ou *or* dans un ascenseur, il tombe en panne ?

– Pas tout à fait. En réalité, c'est un peu plus compliqué. Car les mots interdits changent d'un ascenseur à l'autre. Ils dépendent des numéros de série. Chaque ascenseur a ses phobies. Cela peut être n'importe quel mot. Tiens, un jour, j'ai même vu un ascenseur qui était allergique au mot *bonjour* : je peux t'assurer qu'il était toujours en rade. À l'inverse, je connais un ascenseur dont les trois phobies sont *ornithorynque, coquecigrue* et *clepsydre*. Eh bien, je te prie de croire que celui-là n'est pas prêt de tomber en panne.

– Et vous connaissez les phobies de tous les ascenseurs ?

– Bien sûr. C'est mon métier. Enfin, je connais les phobies de tous les ascenseurs dont j'assure la maintenance. Chaque réparateur a son secteur, heureusement.

– Et comment fait-on pour découvrir les phobies d'un ascenseur ?

– Il y a plusieurs techniques. Moi, je suis un adepte de la technique du dictionnaire. C'est long, mais c'est une méthode sûre.

– En quoi consiste-t-elle ?

– C'est simple. Quand un ascenseur est installé, avant sa mise en service, je viens avec un dictionnaire complet – surtout pas de dictionnaire abrégé – et je lis tous les mots les uns après les autres. Dès que l'ascenseur réagit, c'est que je viens de prononcer l'un des mots interdits.

– Bigre ! Ça doit être long. Mais au fait, à quoi ça sert de connaître les phobies des ascenseurs ?

– C'est indispensable pour pouvoir les guérir.

– Les guérir ?

– Oui, enfin les réparer, si tu préfères. Un médecin, s'il veut guérir un malade, doit d'abord identifier le mal dont il est atteint.

– Et comment fait-on pour réparer un ascenseur ?

– Il suffit de prononcer le mot-remède.

– Le mot-remède ?

– Oui, les mots guérissent les maux, vois-tu. Pour réparer un ascenseur, il faut dire à voix haute le mot-remède, qui est une sorte de contraire du mot interdit.

– Je ne saisis pas.

– Allons, c'est pourtant simple. Prenons l'exemple de ton ascenseur : il est en panne parce que tu as dit *plume*. Pour le réparer, il suffira de dire *poil*.

– Ah…

– Et si tu avais dit *or*, tout à l'heure, quel serait le mot-remède, à ton avis ?

– Je ne sais pas ; *argent*, peut-être ?

– Non ! C'est *plomb*, à cause des alchimistes. J'avoue que celui-ci était difficile. Essaye le troisième : à ton avis, quel est le mot-remède pour *grenouille* ?

– Euh… *crapaud* ?

– Depuis quand *crapaud* est-il le contraire de *grenouille* ? Non, le mot-remède, c'est *prince*. Tu sais, à cause des contes de fée. Le baiser qui transforme, et tout…

– Mouais… Pas évident, votre truc.

– C'est un jeu d'enfants quand on en a pris l'habitude, comme moi. Il faut dire que toute la deuxième année de l'École Supérieure des Réparateurs d'Ascenseurs est consacrée à l'étude des mots-remèdes. Et puis j'ai au moins trente années d'expérience derrière moi. Bref ! à présent, tu connais les trois phobies de ton ascenseur, ainsi que les mots-remède. Tu es désormais capable de le réparer tout seul. D'ailleurs, ce ne sera même pas nécessaire puisqu'il ne tombera plus en panne. Il te suffit de bannir *grenouille*, *plume* et *or* de ton vocabulaire, et tout sera parfait. Et moi, ça me fera des vacances.

Tandis qu'ils quittaient la terrasse du café pour revenir au *Bon Bazar*, le liftier demanda :

– J'ai encore une dernière question à vous poser, si vous le permettez. Pourquoi ne pas révéler ce secret au grand public, une fois pour toutes. Ce serait quand même plus simple. Il suffirait d'afficher dans chaque ascenseur les mots interdits, et il n'y aurait plus jamais de panne.

– Nous y avons pensé, naturellement. Mais nous avons trois bonnes raisons de ne pas divulguer le secret. Première raison : les enfants. S'ils apprenaient qu'on peut bloquer des ascenseurs aussi facilement, juste en prononçant un mot, ils ne pourraient pas s'empêcher de faire des farces à tout bout de champ. Mais la deuxième raison est encore plus décisive. Si tout le monde était au courant, que se passerait-il, à ton avis ?

- Euh… les ascenseurs ne tomberaient plus en panne, non ?

- Précisément.

- Et alors, ce serait parfait !

- Bien sûr que non, crétin ! Sans panne, plus besoin de réparateurs. Je serais donc au chômage, ainsi que tous mes collègues.

- Je comprends… Mais vous aviez parlé de trois raisons. Quelle est la dernière ?

Le technicien eut soudain l'air très embarrassé.

- J'ai dit trois raisons ? Tu en es sûr ?

- Oui.

Le technicien fit une moue, se gratta la tête puis ajouta enfin :

- Oh, après tout, c'est préférable que tu saches tout, au point où nous en sommes. Un mot interdit prononcé dans un ascenseur, ce n'est pas bien grave. Comme tu le sais, cela provoque une panne et quelques frayeurs, guère plus.

Il marqua un silence et reprit avec un ton solennel, regardant Raoul droit dans les yeux :

- En revanche, si quelqu'un prononce non pas un seul,

mais deux ou trois de ces mots interdits, cela peut avoir des conséquences catastrophiques. M'entends-tu ? réellement catastrophiques.

Dès le lendemain, Raoul remit d'aplomb son ascenseur d'un simple *poil* !, et celui-ci reprit sa course monotone. Le liftier surveilla son langage et il n'y eut plus d'incident.

Enfin, plus d'incident involontaire…

En effet, un jour, un homme richement vêtu entra dans la cabine de l'ascenseur. Il était enrhumé. Tirant un mouchoir de sa poche pendant le trajet, il fit tomber, par la même occasion, un billet de banque. Une grosse coupure qui chut en tourbillonnant sous le regard avide de Raoul. Cela représentait l'équivalent d'au moins un mois de pourboire. L'homme, trop occupé à se moucher, n'avait rien remarqué. Pourtant, il risquait fort de s'en rendre compte, quand l'ascenseur arriverait à destination. Lui, ou quelqu'un d'autre.

Alors Raoul eut une idée. Il regarda l'homme dans les yeux et prononça distinctement : *grenouille* !

L'homme n'eut même pas le temps de s'étonner car, aussitôt, l'ascenseur eut comme un hoquet et s'immobilisa, lumière éteinte, entre deux étages. L'homme au mouchoir bredouilla :

– Qu-qu-qu'est-ce qui se passe ?

– Oh, sûrement rien de grave, mon bon *prince* !

À ce dernier mot, la lumière revint et l'ascenseur reprit sa course, comme si rien ne s'était passé. Sauf que, par terre, le billet avait disparu.

À compter de ce jour, le liftier changea du tout au tout. Il ne regardait plus ses passagers avec les mêmes yeux. Il guignait avec convoitise les bijoux affriolants de ces dames, envisageait avec avidité les portefeuilles ventrus de ces messieurs.

Et ce qui devait arriver arriva. De petit filou, il se fit grand voleur.

Un matin, une dame d'un certain âge entra dans l'ascenseur. Raoul fut aussitôt subjugué par ses magnifiques boucles d'oreilles : deux splendides larmes de diamant qui brillaient de mille feux et semblaient le narguer.

– Où dois-je conduire Madame ? demanda le liftier.

– À l'étage des bijoux, je vous prie, jeune homme.

– Bien sûr, la beauté attire la beauté… fit Raoul avec un clin d'œil malicieux.

Et, tandis que l'ascenseur se mettait en route, il ajouta :

– Charmante dame, si vous me permettez ce petit conseil, j'ai repéré à la bijouterie des colliers ras-du-cou qui vous iraient à merveille. De superbes colliers en… *or* !

Il prononça ce dernier mot à haute et intelligible voix. Inutile de vous dire que l'ascenseur réagit très mal. Il fut secoué d'un violent haut-le-cœur qui projeta ses deux occupants dans les bras l'un de l'autre. Avec une galanterie

extrême, Raoul s'excusa auprès de la dame qui, à aucun moment, ne s'aperçut que ses deux splendides boucles d'oreilles ne brillaient désormais plus que par leur absence.

Avec le temps, l'appât du gain du jeune liftier ne cessa de grandir. Le voleur devenait bandit de grand chemin, s'embarrassant de moins en moins de scrupules. Armé des trois mots interdits qu'il décochait alternativement, il rançonnait à tour de bras, perdant toute mesure.

Entre chacun de ses larcins, il rêvait au trésor infini qu'il allait accumuler.

Mais les pannes de plus en plus répétées de l'ascenseur commencèrent à inquiéter les clients du *Bon Bazar*.

Raoul fut bientôt contraint de se contenter de la clientèle de passage. Le gibier se faisant de plus en plus rare, le liftier se fit alors rabatteur. Planté au pied du grand escalier, il incitait les clients à le suivre, arborant son plus grand sourire, offrant son bras aux personnes âgées. La plupart déclinaient l'offre ; certains l'acceptaient, pour leur plus grand malheur.

Jusqu'au jour où arriva au *Bon Bazar* un homme aussi étrange que richement vêtu. Il portait à la main une canne à pommeau d'or, des bijoux à tous les doigts. Une montre gousset constellée de diamants dépassait de son gilet, deux liasses de billets des poches de son veston. Bref, une cible de choix.

Inutile de vous préciser que le liftier fondit sur lui comme la faim sur le monde. Il le salua avec une obséquiosité extrême et le précéda dans l'ascenseur.

– Où dois-je conduire Monseigneur, demanda Raoul.

En son for intérieur, il préméditait avec délectation le mot interdit qu'il prononcerait pour détrousser ce gibier. Serait-ce *grenouille* ou *or* ? En même temps, cela faisait plusieurs jours qu'il n'avait pas eu recours à *plume*...

– Conduisez-moi au septième sous-sol, répondit l'homme, coupant court aux réflexions du liftier.

– Au septième étage, vous voulez dire... Il n'y a pas de sous-sol au *Bon Bazar*.

– Non, non, j'ai bien dit septième sous-sol. C'est que, voyez-vous, je n'aime pas les grands magasins. On dépense, on se fait voler et, quand on sort, on est... comment dire... dé*plum*és !

L'ascenseur s'immobilisa quand l'homme prononça ce dernier mot.

Il fixa Raoul avec un regard ardent, comme si des flammes dansaient dans ses yeux, avant d'ajouter :

– Oui, dé*plum*és, c'est le mot juste. Et je crois d'ailleurs qu'il existe une expression fort à propos chez vous, humains : « quitter un magasin chargé d'*or* comme une *grenouille* de *plumes* ».

Au même instant, dans le *Bon Bazar*, on entendit un hurlement terrible. Selon les témoignages formels de plusieurs clients, ce cri épouvantable provenait de la cage d'ascenseur. Lorsque la cabine d'ascenseur s'ouvrit à nouveau au rez-de-chaussée, quelques instants plus tard, elle était vide. Et jamais plus on ne revit le liftier.

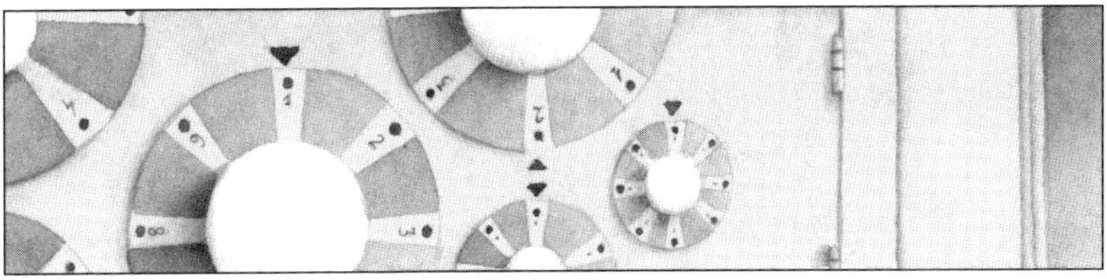

Le coffre-fort

C'est en jouant avec ses cousins dans l'hôtel particulier parisien de son grand-père, juste en face du Louvre, que Béatrice, petite fille espiègle aux grands yeux noisette, vit pour la première fois le coffre-fort.

Il occupait le grand bahut chinois du salon rouge. Béatrice était passée mille fois devant ce meuble acajou sans jamais l'ouvrir. Et c'est en voulant y trouver refuge qu'elle découvrit le coffre en métal. Il luisait dans la pénombre, jetant des reflets gris et bleus. Il excita immédiatement la curiosité de l'enfant.

Ce soir-là, toute la famille était réunie pour le dîner. Le grand-père de Béatrice trônait, comme à son habitude, tout au bout de la grande table, sous le portrait de la tante Célina, l'aïeule par laquelle l'hôtel particulier était entré dans la famille.

En ce temps-là, les enfants étaient priés de se taire à table, sauf quand un adulte leur adressait la parole. Ce soir-là pourtant, la petite Béatrice s'enhardit et osa demander à son grand-père :

– Grand-père Hubert, j'ai vu un immense coffre de métal dans l'armoire du salon. Qu'y a-t-il dedans ?

Le vieil homme sursauta et, se redressant, répondit d'une voix courroucée :

– Il n'y a rien dans ce coffre. Rien ! Il est complètement vide !

Il bougonna pendant tout le reste du repas et Béatrice n'osa plus ouvrir la bouche.

Tard dans la soirée, Béatrice était sur le point de s'endormir quand on frappa à la porte de sa chambre. C'était Zelle, la vieille gouvernante. Elle vivait dans cette demeure depuis toujours et son surnom de « Zelle » lui avait été donné par grand-père Hubert, quand il n'était encore qu'un enfant. Il peinait à prononcer « Mademoiselle » et avait pris l'habitude de ne l'appeler que par la dernière syllabe. Ce sobriquet affectif lui était resté.

Zelle connaissait toutes les histoires, tous les secrets de l'hôtel particulier.

– Ma petite Béatrice, dit-elle en hochant gravement la tête, ton grand-père ne sait pas ce qu'il y a dans le coffre-fort, pour la bonne raison qu'il n'a jamais été ouvert.

– On a perdu la clef ? demanda l'enfant, sortant soudain de sa torpeur.

– Ce coffre n'a pas de clef, reprit Zelle. Seule une combinaison permet de l'ouvrir. Mais cette combinaison a été oubliée depuis belle lurette. Personne ne la connaît. Même la tante Célina l'ignorait.

– Alors pourquoi grand-père Hubert a dit qu'il n'y avait rien de rien dans le coffre ?

– Justement à cause de la tante Célina, chuchota la gouvernante.

Elle ajouta dans un murmure :

– Tante Célina était convaincue que le coffre contenait quelque chose de merveilleux.

– Qu'est-ce qui lui faisait croire ça ? demanda Béatrice, dont les yeux commençaient à briller.

– Je l'ignore, répondit la vieille Zelle. Mais cette sainte femme avait une intuition très sûre. Elle sentait les choses.

– Je ne comprends pas. Si le coffre n'a jamais été ouvert, grand-père Hubert ne peut pas dire que le coffre est vide !

– Ton grand-père est un scientifique, un rationnel qui ne croit que ce qu'il voit…

Après un silence, elle ajouta :

– … et puis il a quelques raisons de ne pas aimer ce coffre.

– Quelles raisons ?

La gouvernante balaya la chambre d'un regard furtif et raconta d'une voix empreinte de douce mélancolie :

– C'est une très vieille histoire. Elle s'est passée quand j'étais toute jeune, bien avant ta naissance et même avant celle de tes parents. Je venais d'être engagée ici par ta tante Célina. Une nuit où je n'arrivais pas à dormir, j'ai entendu du bruit en bas. J'étais terrifiée à l'idée qu'un voleur pouvait avoir pénétré dans la maison. Je suis quand même descendue avec une chandelle et armée d'un couteau, au cas où. Il y avait quelqu'un dans le salon. J'ai entrebâillé la porte et tu ne devineras jamais ce que j'ai vu…

– Qu'as-tu vu, Zelle, qu'as-tu vu ? Un voleur ? demanda Béatrice tout excitée.

– Non. La vieille tante Célina, toute seule, dans le salon, assise sur le vieux fauteuil en rotin. Tu sais, le fauteuil qui est maintenant à côté de la cheminée. Elle l'avait déplacé devant le bahut chinois, qui était ouvert. Dans une main, elle tenait un chapelet ; avec son autre main, elle tournait et retournait les molettes du coffre-fort. Tu penses comme j'ai été surprise ! Alors je suis entrée dans le salon et je lui ai dit : « Que faites-vous là en pleine nuit, Madame ? Ce n'est pas raisonnable, vous allez attraper la mort. »

– Qu'a-t-elle répondu ?

– Elle m'a regardée avec ses yeux malicieux et elle m'a dit : « Zelle, ce coffre renferme un trésor infini. »

– Un trésor infini ? s'exclama Béatrice, les yeux arrondis de surprise.

– Oui, un trésor infini, c'est exactement l'expression qu'elle a employée. Ensuite elle m'a longuement parlé. J'ai ainsi appris qu'elle venait chaque nuit au coffre-fort pour tenter de l'ouvrir. Elle testait quantité de combinaisons, patiemment, les unes après les autres. C'était comme un jeu pour elle, une sorte de loterie. Elle était convaincue qu'elle tomberait un jour sur la bonne combinaison et que le coffre lui révélerait alors son secret.

– Mais elle n'a jamais réussi à l'ouvrir, n'est-ce pas ?

– Hélas, un froid matin d'hiver, ton grand-père – qui était encore un enfant –, l'a retrouvée dans son fauteuil, devant le coffre fermé. Elle nous avait quittés. Mais ce qui est étrange, c'est qu'elle souriait. Pauvre petit Hubert, il en a été tout chamboulé. C'est qu'il l'aimait, sa vieille tante Célina ! À l'entendre, tout était de la faute du coffre. Sa chère tante était morte à cause d'une chimère. Vois-tu, Béatrice, moi, je crois surtout que Madame était parvenue à l'âge du grand départ.

– C'est pour ça que grand-père Hubert s'est mis en colère quand je lui ai parlé du coffre ?

– Exactement. Ça lui rappelle de mauvais souvenirs. Quand il a hérité de l'hôtel particulier, des années plus tard, il a même voulu faire enlever le coffre. Des spécialistes sont venus, avec toutes sortes de poulies et d'appareils compliqués, mais ils n'ont pas réussi à bouger le coffre d'un centimètre. Ils n'avaient jamais vu cela. Ils disaient que ce n'était pas une chose naturelle. Alors ton grand-père a préféré oublier, et le coffre est resté enfermé dans le meuble acajou.

Voilà, tu sais tout. Dors, maintenant. Il est tard. Bonne nuit et fais de beaux rêves…

Chacun sait combien l'imagination est mère de l'insomnie. Cette nuit-là, la petite fille en fit l'expérience. Trésor infini, coffre, secret… quantité de mots magiques dansaient dans l'esprit de la petite Béatrice, qui rêvait éveillée.

Au beau milieu de la nuit, elle se leva, alluma les cinq bougies de son chandelier et descendit en robe de chambre le grand escalier, sur la pointe des pieds. En bas, elle veilla à marcher le long du mur pour ne pas faire grincer le plancher. Elle traversa la grande salle à manger et passa devant le portrait de la tante Célina, dont le visage semblait aussi blanc et fragile qu'une belle porcelaine. Il lui sembla que la vieille dame la suivait du regard avec un sourire attendri. Mais sans doute n'était-ce que le reflet de la bougie sur la toile : la nuit, tout prend des proportions fantastiques.

Béatrice entra ensuite dans le salon rouge, poussa le fauteuil de rotin et ouvrit le bahut chinois. Puis elle resta deux bonnes heures à contempler le coffre, gardien d'un secret inaccessible. Pas un bruit, hormis le tic-tac inexorable de la pendule.

Pas d'autre mouvement que le balancier de cuivre, allant et venant dans son inlassable course.

Béatrice réfléchissait intensément, scrutant le géant de fer

dans ses moindres détails. Peut-être le coffre était-il vide, comme le disait grand-père Hubert. Peut-être au contraire contenait-il quelque secret de famille, quelques lingots ou bijoux, ou Dieu sait quoi encore de plus précieux.

Quand la pendule sonna cinq heures, Béatrice se leva, posa sa main gauche sur la froide porte du coffre, sa main droite sur son cœur et dit d'une voix solennelle :

– Sur mon honneur, je m'engage à tout faire pour percer le secret du coffre-fort.

Béatrice n'était pas de ces velléitaires qui oublient aussi vite qu'ils promettent. Elle avait un sens très aigu de l'engagement et du respect de la parole donnée.

Elle remonta dans sa chambre, s'installa à son bureau et commença à calculer à haute voix :

« Alors voyons… il y a six molettes sur le coffre, avec dix chiffres pour chaque molette, de 0 à 9. Cela fait donc dix fois dix fois dix fois dix fois dix fois dix combinaisons possibles. Autrement dit il y a 1.000.000 combinaisons possibles, la première étant 0-0-0-0-0-0 et la dernière 9-9-9-9-9-9. Impossible, naturellement, de les essayer toutes à la suite. Cela prendrait trop de temps. Non, pour réussir, il faut que je sois à la fois méthodique et patiente »

Elle fit encore toute une série de calculs et, au terme de ce travail minutieux, voici la décision qu'elle prit :

« À compter d'aujourd'hui, j'essaierai trente combinaisons chaque jour. Les jours où je serai absente, je devrai naturellement rattraper le retard à mon retour. Ainsi, j'aurai testé 10.950 combinaisons au bout d'un an, et 109.500 au bout de dix ans… en comptant les années bissextiles, je les aurai donc toutes essayées en exactement 91 ans et 96 jours. Sachant que j'ai 10 ans, 3 mois et 5 jours, le coffre m'aura révélé son secret avant que j'aie atteint l'âge de 101 ans, 6 mois et quelques jours. Bien entendu, je ne suis pas certaine de vivre jusqu'à cet âge avancé mais, d'un autre côté, il est fort probable que je serai tombée sur la bonne combinaison bien avant ».

Ainsi était Béatrice : précise, méthodique… et patiente.

Elle commença dès le lendemain. Quand la maison fut endormie, une ombre légère se déplaça furtivement jusqu'au salon rouge. Assise sur le fauteuil en rotin, le cœur bondissant comme une poule dans un sac, Béatrice essaya la première combinaison : 0-0-0-0-0-0. Puis, tournant d'un cran la première molette, elle testa la deuxième combinaison, 0-0-0-0-0-1, puis la troisième et ainsi de suite jusqu'à 0-0-0-0-2-9. À chaque nouvelle combinaison, elle essayait d'ouvrir la lourde porte de métal. En vain. Cela lui prit à peine cinq minutes.

Avec la régularité d'un métronome, elle testa trente combinaisons la nuit suivante, et encore celle d'après, et ainsi de suite pendant plusieurs semaines, plusieurs mois, plusieurs années.

Béatrice mettait tant d'elle-même dans cette quête que, bientôt, ce rituel rythma son existence. Il changea même sa façon de mesurer le temps. Elle ne comptait plus en heures, en jours, en mois ou en années, mais en « molettes », une nouvelle unité de temps qu'elle avait mise au point.

Pour bien tout comprendre, il n'est pas inutile de décrire brièvement son système de mesure :

Nous nous souvenons qu'il y avait six molettes sur le coffre et que Béatrice composait trente combinaisons par jour. Chaque jour, elle actionnait donc la première molette trente fois. Ainsi, dans son système temporel, une molette valait un peu moins d'une heure.

Elle ne tournait la seconde molette – baptisée par elle *bimolette* – que trois fois par jour : une bimolette représentait donc l'équivalent de huit de nos heures.

La troisième molette ou *trimolette* ne tournant d'un cran que tous les trois ou quatre jours, il fallait un peu plus de deux trimolettes pour faire une semaine.

Et ainsi de suite : une *quadrimolette* valait un peu plus d'un mois, une *quinquamolette* un peu moins d'un an et une *sexamolette* un peu plus de neuf ans.

Et molette après molette, le temps passa.

Béatrice en était à la combinaison 1-2-8-0-6-9 – elle avait donc environ 22 ans suivant notre mesure du temps – quand son grand-père Hubert mourut, quelques trimolettes à peine après la vieille Zelle. Ses parents héritèrent de l'hôtel particulier et elle s'y installa définitivement.

Béatrice se maria à 1-3-9-3-4-9 et eut un garçon deux quinquamolettes plus tard.

Son mari, mobilisé sur le front, mourut à la guerre tandis que son enfant n'avait encore que six quadrimolettes et trois dents.

Ce fils se maria à 5-7-7-3-4-9 avec une charmante jeune fille qui avait une bonne sexamolette de moins que lui.

Béatrice perdit ses parents à quelques quadrimolettes d'intervalle et se retrouva seule dans la demeure familiale.

La vie passait et Béatrice, dans son fauteuil en rotin, poursuivait avec une conscience monacale sa litanie de combinaisons.

Elle connut des moments de joie, notamment à chaque fois qu'elle avançait d'un cran la sexamolette.

Elle eut aussi des moments de doute. Car si elle rêvait à chaque instant d'entendre le déclic magique, elle redoutait de n'y découvrir à l'intérieur que des toiles d'araignées.

Il lui arriva même de ressentir quelques moments d'impatience. Elle avait tellement hâte d'achever sa quête que, certains jours, elle était tentée d'outrepasser son quota de trente combinaisons quotidiennes. Pourtant, elle ne dérogea jamais à la règle qu'elle s'était fixée.

Cette tâche était devenue un élément dominant de sa vie, au point que, même lorsqu'elle quittait le vieil hôtel particulier, ses pensées continuaient à la relier au coffre-fort.

D'où son comportement quelquefois étrange, comme ce jour où, devant le musée du Louvre, elle étonna un passant en disant tout haut : «... nom d'une trimolette ! C'est décidé : ce soir, armée d'un chalumeau et d'une masse, j'irai forcer le coffre-fort... ». L'homme en question, surpris de voir une dame d'apparence très respectable tenir de tels propos, s'éloigna vivement, mi-choqué, mi-inquiet.

Quand la sexamolette indiqua le chiffre 9, Béatrice était devenue une vieille dame, fragile et chancelante. Elle avait atteint ce crépuscule de l'âge où chaque soir apparaît comme le seuil d'un lendemain précaire. Mais elle n'appréhendait pas la mort. Tout au plus craignait-elle que le grand sablier ne lui laisse pas le temps d'achever sa quête. Car en dépit de son grand âge, sa volonté de percer le secret du coffre était demeurée intacte. Aussi vive que le jour où elle avait prêté son serment.

Une nuit d'hiver, elle entendit une voix. Était-ce le souffle du vent ? Non, c'était un appel, doux et mélodieux. Il venait d'en bas. Béatrice se leva, enfila une petite laine et, trottant à petits pas, elle chemina lentement vers la voix qui semblait provenir du salon rouge. En traversant la salle à manger, comme chaque jour depuis plus de neuf sexamolettes, elle passa devant le portrait de tante Célina. Cette fois, il n'y avait pas de doute, l'aïeule souriait vraiment.

La voix s'était tue, mais Béatrice avait deviné. Elle entra dans le salon rouge, s'assit dans son fauteuil en rotin, ouvrit le meuble chinois et tourna la molette une fois. Un seul cran. Elle ne fut même pas surprise d'entendre un déclic, ce déclic magique auquel son cœur aspirait depuis tant et tant d'années.

Elle resta immobile pendant une fraction d'éternité impossible à mesurer en terme de temps. Elle inspira une longue bouffée d'air et expira doucement. Puis elle saisit avec une infinie douceur la poignée de la lourde porte. Elle avait fait ce geste des milliers et des milliers de fois pendant sa vie, au point que sa main en portait la marque. Mais cette fois, le lourd battant ne résista pas. La porte s'ouvrit.

Au début, Béatrice ne vit rien. L'intérieur du coffre était noir.

Puis ses yeux s'habituèrent à l'obscurité. Elle devina alors un chemin. Il menait à une lueur diffuse et irréelle, loin, très loin au fond du coffre.

Alors elle entendit à nouveau la voix, cette fois-ci très distinctement. C'était un chant d'appel, le plus mélodieux qu'on puisse imaginer. Il provenait de cette clarté. Béatrice se leva. Son vieux corps ne lui pesait plus. Elle se sentait légère, légère comme un souffle. Elle entra dans le coffre et, sans se retourner, s'engagea sur le chemin.

Au matin, c'est la femme de chambre qui découvrit Béatrice, immobile dans son fauteuil en rotin, devant le coffre-fort fermé. Un sourire angélique éclairait son beau visage de vieille dame, dont les rides étaient comme des rayons autour de ses yeux, deux soleils désormais éteints à la lumière d'ici-bas.

La bonne comprit tout de suite.

Pourtant, il y avait quelque chose de si serein dans ce tableau qu'elle ne fut pas effrayée. Elle arrêta simplement le balancier de l'horloge et murmura :

– Pauvre Madame. Et dire qu'elle n'aura même pas réussi à ouvrir le coffre. Après tous ces efforts et ces années de patience. Non, vraiment, il n'y a pas de justice en ce bas monde.

Elle ignorait, cette brave chambrière, les trésors infinis que Béatrice était en train de découvrir. Des trésors mille et mille fois plus précieux que ceux dont les esprits les plus imaginatifs peuvent rêver dans leurs songes les plus fous.

L'étrange boutique du docteur Broc

Ce matin-là, un véhicule sombre aux vitres teintées longeait la Seine, devant le Louvre. Sur la banquette arrière, Jacques Juspindur, sec comme un croûton de pain, raide comme un gibet, fermait les yeux. Il ne dormait pas. Le front plissé, il réfléchissait.

– Cyril, fit-il soudain en s'adressant à son chauffeur, changement de programme. On ne rentre pas au ministère : déposez-moi chez le docteur Juve.

– Bien, Monsieur le Ministre.

Quelques instants plus tard, l'homme d'État entrait dans le cabinet médical.

– Mes respects, Monsieur le Ministre. Je ne vous attendais pas de sitôt. Alors, dites-moi tout… Vous sentez-vous mieux ?

– Hélas non, mon cher Juve. Ça ne marche toujours pas.

– Vous avez essayé l'oscillocoquecigrue 27 ?

– Oui. Trois fois par jour, comme vous me l'avez prescrit.

– Et le fluorène au jojoba ?

– Également. Trois gouttes avant chaque repas et six avant de me coucher. J'ai tout essayé, tout. J'ai suivi tous vos conseils, comme j'avais suivi auparavant ceux des plus grands spécialistes. En vain. Pas le moindre commencement de début d'amélioration. C'est désespérant !

– Diantre, diantre, fit le docteur en se tiraillant la barbiche. C'est ennuyeux. Je ne sais vraiment plus quoi faire.

– Je vous en prie, aidez-moi ! supplia Jacques Juspindur.

Le docteur parut soudain hésitant, comme s'il avait une idée qu'il n'osait pas émettre.

– Je ne sais pas si…

– Allez-y, je suis prêt à tout.

– Écoutez, Monsieur le Ministre, si la médecine ordinaire ne peut rien pour vous, vous devriez en essayer une autre. Je connais peut-être quelqu'un susceptible de vous aider.

Le docteur Juve sortit du tiroir de son bureau une carte de visite en forme de lune sur laquelle on pouvait lire « Docteur Broc, apothicaire », ainsi qu'une adresse.

– Allez voir le docteur Broc de ma part. Sa boutique se trouve entre le Louvre et le *Bon Bazar*. Mais je vous préviens, sa médecine est… comment dire ? surprenante.

Le magasin en question, signalé simplement par une enseigne de fer forgé en forme de lune, était engoncé entre un

café et une boulangerie. Façade étroite, vitrines sombres, il passait totalement inaperçu. Le ministre poussa la porte. La boutique, qui semblait petite, vue de l'extérieur, était immense à l'intérieur. Si grande qu'on n'en voyait pas le bout. Quantité d'objets étranges, de toutes tailles et de toutes formes, étaient exposés sur des mètres et des mètres d'étagères. Les rangées du haut étaient occupées par des bocaux remplis d'herbes, de plantes ou de liquides aux couleurs insolites. Juspindur s'avança jusqu'au fond de la boutique. Un petit homme chauve comme un genou, sans âge, était derrière son comptoir, en grande discussion avec une femme. Un autre client - un prêtre, à en croire son col romain - attendait à une distance respectueuse. Le ministre s'immobilisa derrière l'homme d'église et tendit l'oreille.

- ... voilà, ma bonne dame, disait l'apothicaire à sa cliente, et n'oubliez pas : chaque soir pendant une semaine, vous appliquez trois gouttes sur la paume de la main de votre fils.

- Et ça suffira à faire partir son poil dans la main ? s'inquiéta la dame.

- Aussi sûr que je suis chauve : d'ici peu, il sera redevenu travailleur, courageux et zélé, et caracolera en tête de classe.

- Mais vous savez, c'est un sacré crin qu'il a dans la main.

- Rassurez-vous, ces « larmes d'Attila » sont un défoliant puissant. Non seulement son poil tombera, mais il n'a aucune chance de repousser après un tel traitement. Revenez me voir dans quelques jours pour me dire comment ça évolue. Au revoir, Madame.

Le marchand, qui n'était autre que le docteur Broc, se tourna vers le prêtre et lui dit :

– Alors mon père, c'est pour quoi, cette fois ?

– Je voudrais un peu d'odeur de sainteté, s'il vous plaît.

– C'est pour offrir ou c'est pour votre usage personnel ?

– C'est pour moi.

L'étrange médecin monta sur une échelle et prit une sorte de vase obstrué par un énorme bouchon de liège.

– Vous en voulez combien ?

– Disons... cinq inhalations.

Broc déboucha le vase et le plaça ensuite sous le nez de son client qui, à cinq reprises, respira à pleins poumons.

– Ah ! Quel bien cela me fait... dit le prêtre avec un large sourire, quand il eut terminé. Combien vous dois-je ?

– Cinq Euros.

Le prêtre sortit de sa poche cinq pièces de monnaie. Il les lâcha l'une après l'autre sur le comptoir, en les faisant tinter distinctement. Après cela, l'homme d'église rempocha son argent et sortit du magasin, sous l'œil étonné de Jacques Juspindur.

– À nous, fit le docteur en dévisageant son nouveau client. Sauf erreur de ma part, je n'ai pas le plaisir de vous connaître...

– C'est exact, répondit le ministre. Je viens de la part du

docteur Juve. Il m'a dit que vous pourriez peut-être m'aider.

– Ah, ce cher Juve… Vous le saluerez bien de ma part. Alors expliquez-moi ce qui vous amène ici.

– Eh bien voilà. Je n'arrive plus à rêver.

– Voilà qui est fâcheux. À quand remonte votre dernier rêve ?

– Très loin. Je ne m'en souviens même plus.

– Nous allons voir ça en bas. Suivez-moi.

Le docteur ouvrit une trappe située derrière le comptoir et les deux hommes descendirent un escalier de pierre qui conduisait à une vieille cave voûtée.

– Je ne voudrais pas me mêler de ce qui ne me regarde pas, dit l'homme politique pendant la descente, mais je vous signale que le prêtre de tout à l'heure a oublié de payer son… odeur de sainteté.

– Pas du tout, répliqua le boutiquier chauve, j'ai entendu ses pièces tinter.

– Certes, mais il a gardé l'argent.

– Naturellement, puisque je ne lui ai vendu que de l'odeur. Le son de l'argent suffit : le bruit vaut bien l'odeur !

Le ministre n'insista pas. Décidément, ce médecin n'était pas commun.

– Maintenant asseyez-vous là, fit le marchand en indiquant un fauteuil, face à un écran mural.

Il alluma un vieux projecteur et dit :

– Nous allons voir si vous avez une bonne vue.

– Ma vue est excellente, et je n'ai jamais porté de lunettes.

– Je ne parle pas de vos yeux, mais de votre esprit, de votre imagination. Je vais vous passer quelques diapositives, et vous allez me dire ce qu'elles évoquent pour vous. Mais surtout, soyez spontané. Dites-moi la première chose qui vous passe par la tête. C'est parti. Première diapositive.

– Euh… Je vois une tâche noire, dit le ministre.

– Certes, mais encore…

– Vous m'avez demandé de vous dire la première chose qui me passe par la tête. Je vois une tâche, c'est tout.

– Bon… Essayez de faire un petit effort pour cette deuxième diapositive.

– Sur celle-là, je vois un nuage.

– Bien sûr, mais que vous inspire ce nuage ? Vous imaginez sûrement quelque chose à partir de sa forme ?

– Non. Désolé.

– Fichtre. Voilà qui est inquiétant. Et sur cette diapositive, que voyez-vous ?

– Un homme et une femme.

– C'est tout ?

– C'est tout.

– Affligeant ! Navrant !

– C'est grave ? s'inquiéta le ministre.

– Plutôt. Vous êtes atteint d'une forme violente de rationalisme psychomorphique aigu à tropisme pathogène.

– Ce qui signifie ?

– Ce qui signifie que vous avez autant d'imagination

qu'une huître. Pas étonnant que vous ne puissiez pas rêver. Au fait, quelle est votre profession ? Attendez, laissez-moi deviner... vous devez être quelque chose comme mathématicien, ingénieur, ou notaire ?

– Je suis ministre.

– Aïe, aïe. Encore pire. Cela dit, si vous avez gardé l'envie de rêver, c'est que tout n'est peut-être pas perdu. Je pense que je peux vous aider à guérir. Mais je vous préviens, le traitement risque d'être violent.

– Je suis prêt à faire ce qu'il faut. Je veux rêver de nouveau.

– Dans ce cas, ne perdons pas de temps. Vous êtes ministre, vous prononcez donc souvent des discours, je suppose ?

– Régulièrement. J'en prononce un devant le Parlement pas plus tard qu'après-demain.

– Il est déjà rédigé ?

– Je comptais m'y mettre ce soir.

– Parfait.

Le docteur commença à griffonner une série de mots sur une ordonnance. Quand il eut fini, il tendit la feuille à son honorable client.

– Voilà ce que vous allez faire. Après-demain, devant l'Assemblée, vous devrez vous arranger pour que les cinquante mots qui sont sur cette liste figurent dans votre discours. Tous, sans exception.

Le ministre parcourut des yeux la liste, blêmissant un peu plus à chaque mot.

– « saucisson », « trompette », « patate », « cochon », « pantoufle », « andouille », « pompon », « banane », « vinaigre », « sorcière », « pâquerette »… comment voulez-vous que je place cinquante mots comme ceux-là dans un discours qui porte sur la programmation pluriannuelle d'investissements publics de l'État ?

– Faites preuve d'imagination, que diable ! Soyez fou ! L'imagination, voyez-vous, c'est comme le cerveau ou les muscles : ça se travaille. L'exercice de style que je vous propose est excellent pour ce que vous avez. Et puis, vous savez, j'aurais pu vous imposer une épreuve beaucoup plus dure, en vous demandant par exemple de prononcer un discours ne contenant aucune lettre « e ».

– Mais je vais être la risée de toute l'Assemblée avec tous ces mots grotesques dans un discours on ne peut plus sérieux !

– C'est à vous de décider quelles sont vos priorités. Si vous voulez guérir, il faut en passer par là. Et puis, vous avez le droit d'être astucieux et ingénieux.

Le ministre fit un geste fataliste de la main et, poussant un large soupir, répondit :

– Bon, si vous estimez qu'il le faut vraiment… Au fait, combien vous dois-je ?

– Nous verrons ces détails plus tard, si vous guérissez.

Deux jours plus tard, devant un hémicycle comble, filmé

par plusieurs chaînes de télévision, Jacques Juspindur commença son discours.

« Monsieur le Président, Monsieur le Premier Ministre, Mesdames et Messieurs les députés, le texte qui est aujourd'hui soumis à votre examen engage l'avenir de notre pays. Ce sujet grave, nous l'abordons sans tambours ni *trompettes*, mais avec une détermination sans faille. Cela fait trop longtemps que nos compatriotes sont les témoins impuissants de promesses qu'aucun acte ne vient concrétiser. Comme disait un grand philosophe chinois : " celui qui fait sans dire est anguille, mais celui qui dit sans faire est *andouille* ". Ne soyons ni l'un ni l'autre. Lors des dernières élections, nos compatriotes ont durement sanctionné l'aveuglement de l'ancienne coalition qui gouvernait ce pays avec – si vous me passez l'expression – des peaux de *saucisson* devant les yeux. Il ne s'agit pas pour moi d'ouvrir une quelconque chasse aux *sorcières*. Loin de moi tout esprit de polémique, mais force est de constater que, sur ce dossier, nos prédécesseurs ont semé un certain nombre de peaux de *bananes* qui ne simplifient pas notre tâche. Qu'importe, nous relevons le défi et prenons les choses en main, car notre souci est d'éviter que cette situation ne tourne au *vinaigre*.

(…)

Mes chers collègues, cessons de raisonner comme des *pantoufles*. Élevons un peu ce débat essentiel que l'opposition souhaite ramener, comme à son habitude, au ras des *pâquerettes*. Oui, il est urgent d'agir, car les cris d'indignation de nos concitoyens sont assourdissants. " Notre pays en a gros sur la *patate* " me disait ce matin encore l'un de mes administrés, avec cette franchise qui a les accents de la sincérité. (…) »

Alternant les expressions et les citations inventées, l'homme politique poursuivit son discours en distillant l'un après l'autre tous les mots prescrits par le docteur Broc, sans en oublier un seul. Et il faut reconnaître que ce discours passa comme une lettre à la poste. Il ne suscita aucune émotion particulière auprès des austères représentants de la nation. Le ministre fut même applaudi.

Quand Juspindur revint voir le docteur Broc dans son étrange boutique, celui-ci était en train de servir une petite fille, qui lisait consciencieusement sa liste de courses :

– … ensuite je voudrais trois sous de jugeotte pour mon grand-frère, un brin de coquetterie pour maman et grand-mère, un cordon bleu pour papa, et puis deux gros éclats de rire pour offrir au voisin. Avec un litre d'huile de coude pour toute la famille. Ce sera tout.

L'apothicaire fureta à droite et à gauche dans son magasin, monta sur l'échelle, fouilla divers bocaux et revint les mains chargées.

– Voilà, chère enfant. Je pense que je n'ai rien oublié. Je n'ai plus de gros éclats de rire, alors je t'en ai mis quatre petits.

– Ce sera très bien. Merci monsieur, au revoir.

– Au revoir, ma petite, et salue tes parents de ma part, dit le boutiquier avec un clin d'œil.

Puis, se tournant vers le ministre :

– À nous deux maintenant. Alors, votre discours s'est bien passé ?

– Oui, j'ai un peu joué au contorsionniste pour glisser tous vos mots dans mon discours. Mais je dois admettre que ça ne s'est pas trop mal passé. Cela étant dit, pour être honnête avec vous, je ne constate pas d'amélioration pour l'instant. Pas le moindre début de commencement de rêve la nuit dernière.

– Allons voir ça en bas.

Les deux hommes descendirent à la cave et l'homme qui ne savait plus rêver visionna pour la deuxième fois les diapositives.

– Et cette fois, que voyez-vous ? demanda le docteur Broc.

– Je vois encore une tâche noire. Mais on va dire que c'est un papillon qui a volé un peu trop longtemps au-dessus de la cheminée d'une usine chimique. Une usine qui ne respecte pas les normes environnementales. Attendez ! Réflexion faite, je vois plutôt une mouette engluée de mazout. À cause du naufrage d'un pétrolier vétuste appartenant à un armateur véreux.

– Ça manque un peu de fraîcheur, mais pourquoi pas… Et sur cette diapositive ?

– Là, c'est un nuage. Euh… un nuage qui provient d'un

gigantesque incendie qui a ravagé une région entière : des forêts, et même des villages. L'État, associé aux communes sinistrées, va porter plainte contre X et diligenter une enquête contre le pyromane.

– Il y a eu des morts, dans cet incendie ?

– Des tas !

– Fichtre ! Enfin, admettons. Et là ?

– Vous aviez raison, j'avais mal regardé, la dernière fois. Ce couple qu'on voit sur la photo, ce n'est pas n'importe qui : ce sont deux électeurs qui s'apprêtent à voter pour moi.

– À quoi voyez-vous qu'ils vont voter pour vous ?

– Ils ont l'air heureux, épanouis et intelligents.

– Bien. Nous allons nous en tenir là pour aujourd'hui, dit l'apothicaire en rallumant la lumière. Ce n'est pas encore ça. Mais c'est quand même encourageant : vous avez fait des progrès par rapport à la semaine dernière. Le traitement vous a permis de réactiver un peu cette capacité d'imagination qui sommeillait en vous. Toutefois, cette force imaginative reste encore engourdie, étriquée, orientée. Vos réponses un peu cyniques et sombres révèlent qu'il vous manque encore un petit quelque chose. Vous savez, le cynisme, comme disait Victor Hugo, c'est « une carie de l'intelligence ». Pour soigner cela, je vais vous proposer un second traitement. Un traitement de choc. Si vous l'acceptez, bien sûr…

L'étrange médecin prit une nouvelle ordonnance et commença à écrire une liste de tâches à effectuer. Juspindur regardait par-dessus son épaule. Plus il lisait, plus ses yeux s'arrondissaient. La surprise se mua vite en indignation :

– Je ne peux pas faire ça, explosa enfin l'homme politique. C'est terrible, ce que vous me demandez de faire. Je suis ministre, tout de même.

– C'est comme vous voulez. Je ne vous oblige pas. Mais c'est le seul remède.

D'une voix hésitante, le distingué malade ajouta :

– Et si je fais tout ça, vous m'assurez que je serai guéri ?

– Je ne peux rien promettre, mais si vous suivez à la lettre ce traitement, c'est effectivement probable.

Jacques Juspindur resta un long moment silencieux, puis finit par dire d'une voix lasse et résignée :

– Eh bien soit, dussé-je y perdre toute ma réputation.

– Excellente décision. Revenez me voir dans une semaine.

Le ministre regagna sa voiture et appela sa secrétaire pour annuler tous ses rendez-vous de la journée.

– Nous ne rentrons pas au ministère ? demanda le chauffeur.

– Non, démarrez et roulez doucement.

– Dans quelle direction ?

– Peu importe. Je vous dirai quand vous devrez vous arrêter. Vous me laisserez alors et vous pourrez rentrer. Vous viendrez me rechercher demain matin en bas de chez moi à l'heure habituelle.

Juspindur colla son nez contre la vitre fumée et se mit à observer le trottoir. Il regardait les passants. Il les guettait, plutôt, comme s'il cherchait quelqu'un en particulier dans la foule anonyme. Après quelques minutes de traque, il ordonna à son chauffeur de s'arrêter.

– Voilà qui répond à la prescription du docteur. À présent, travaillons hardiment, murmura le ministre, les yeux rivés sur un enfant d'une dizaine d'années qui revenait joyeusement de l'école.

L'homme politique enleva sa veste, sortit de la voiture et commença à suivre l'écolier d'un pas décidé. Au bout de quelques minutes, l'enfant réalisa qu'il était suivi. Il accéléra le pas. Juspindur aussi. Le garçon, visiblement inquiet, quitta la grande rue pour emprunter une ruelle déserte. Le ministre suivait toujours. Alors l'écolier prit vraiment peur : il se mit à courir. Et une course-poursuite éperdue commença, sous les yeux étonnés des passants. Au début, le garçon prit du champ, puis l'homme politique gagna du terrain. Alors l'enfant escalada la grille d'un parc, persuadé d'y semer son vieux poursuivant. Erreur ! Avec une agilité déconcertante, le ministre passa l'obstacle, étonné lui-même d'une telle prouesse. L'écolier, terrorisé, se blottit contre un arbre du parc, tremblant de tous ses membres. Juspindur fondit sur lui, comme l'aigle sur sa proie.

– Chat ! cria-t-il avec jubilation en touchant l'épaule de l'enfant.

Et il détala aussitôt, riant comme un forcené.

Pendant le reste de la journée, il se conforma scrupuleusement aux prescriptions du docteur Broc. Il commença par acheter des bonbons, sous le regard surpris de la boulangère. Puis il se rendit à une fête foraine où il enchaîna presque toutes les attractions : trois séances de tir à la carabine, où il gagna un canard en plastique ; cinq tours de manège, dont trois sur un cochon bariolé ; une bonne demi-heure d'auto-tamponneuses, suivie d'une visite dans le terrible « tunnel de la mort » et d'un tour sur le fameux « grand 8 ».

– Voilà pour aujourd'hui, fit le ministre en sortant du parc, une barbe à papa à la main, son canard en plastique dans l'autre. Voyons le programme de demain : « fabriquer un bateau en papier, le déposer dans un caniveau et suivre sa course le plus longtemps possible », « lire des bandes dessinées assis par terre dans une librairie », « passer prendre vos petits-enfants à la sortie de l'école, les emmener au cinéma puis jouer avec eux jusqu'au dîner »...

Le ministre commençait à éprouver un certain plaisir à toutes ces activités. Chacune d'elles réveillait en lui des souvenirs lointains, qui fleuraient bon la fraîcheur, la douceur et l'insouciance.

Après une bonne semaine de ce traitement de choc, le regard de Juspindur avait radicalement changé. Sa bouche et ses yeux étaient maintenant rieurs. Il entra gaiement dans la boutique du docteur Broc, presque en même temps que la dame qu'il avait aperçue lors de sa première visite.

– Je vous en prie, honneur aux dames, dit galamment le ministre d'une voix enjouée.

– Je vous remercie, Monsieur.

– Alors, chère amie, comment va votre fils ? demanda l'apothicaire chauve.

– Écoutez, je dois reconnaître que vous aviez raison. Quelques « larmes d'Attila », et son poil dans la main a complètement disparu. Mon fils est aujourd'hui travailleur, assidu, zélé. Et il obtient d'excellentes notes à l'école.

– Voilà qui est parfait ! s'exclama le médecin.

– Malheureusement non, ajouta la dame d'un air navré. Car figurez-vous que mon fils est devenu très orgueilleux. Et ça, c'est insupportable.

– Il a pris la grosse tête, en somme ?

– C'est exactement ça.

– J'ai ce qu'il faut contre ça, fit Broc avec un clin d'œil.

Il fouilla sur une étagère et tendit à la dame une fiole argentée :

– Huile de Jivaros ! Deux ou trois shampooings, et tout ira mieux.

– Merci, docteur.

– Au revoir, chère amie, lança Broc

Puis, se tournant vers son honorable client :

– À nous deux, Monsieur le Ministre. À voir votre mine réjouie, j'ai l'impression que le traitement a été efficace. Mais nous allons vérifier ça tout de suite dans la cave.

Quelques minutes plus tard, quand la première diapositive s'afficha sur l'écran, Juspindur en donna cette interprétation :

– C'est le plus beau poème jamais écrit.

– Cette tâche noire, un poème ? s'étonna le docteur.

– Oui, un poème si beau, si émouvant que son auteur a pleuré d'émotion en le relisant. Il a tant pleuré que ses larmes ont noyé les mots de son chef-d'œuvre dont il ne subsiste plus que l'encre.

– Joli ! Et sur cette seconde diapositive ?

– En regardant bien, on remarque qu'il y a deux nuages. Ce sont deux enfants. Celui de gauche chuchote un secret à l'oreille de celui de droite.

– Que lui raconte-t-il ?

– Désolé, mais je ne suis pas de ceux qui trahissent les secrets.

– Je comprends… Et là ? demanda Broc en projetant la troisième diapositive.

– À reconsidérer la chose, ces deux personnages ne sont pas un couple d'électeurs, comme je le pensais. Ils viennent en réalité de très loin. L'homme vient du royaume des géants, mais il est nain. La femme, quant à elle, vient du royaume des nains, mais elle est géante. Ils viennent de faire connaissance et ils ont plein d'histoires à se raconter. Ils vont se marier et auront plein de petits néants et de petits géains.

– Excellent ! s'exclama le docteur. Ce test est tout à fait positif. Pas besoin d'aller plus loin. J'ai le plaisir de vous annoncer que vous êtes guéri.

Il sortit de sa poche une clef en cristal et la donna au ministre :

– Voici la clef des songes. Chaque soir, fermez la porte de votre chambre avec cette clef, et laissez tous vos soucis dehors. Les rêves viendront agrémenter votre sommeil.

– Merci. Euh… ne le prenez pas mal, mais j'aimerais savoir : pourquoi ne m'avez-vous pas donné cette clef dès le début ?

– Elle n'aurait servi à rien. Vous n'étiez pas prêt. Deux trésors incommensurables étaient enfouis dans les tréfonds de votre âme : l'imagination et l'esprit d'enfance. Ces deux trésors infinis, vous venez de les déterrer.

– Puissiez-vous avoir raison. Je vous saurais infiniment gré de m'avoir aidé à les exhumer, surtout s'ils peuvent être utiles pour retrouver la capacité de rêver. Quoi qu'il en soit, je suis votre débiteur. Combien vous dois-je ?

– Je vous ai vendu du rêve : n'oubliez pas de me payer dans votre prochain rêve, et ce sera parfait.

– Si je rêve d'un trésor, je vous assure qu'il est pour vous.

– Je n'en demande pas tant.

Ce soir-là, un véhicule sombre aux vitres teintées longeait la Seine, devant le Louvre. Sur la banquette arrière, Jacques

Juspindur, serein comme un matin de printemps, apaisé comme un nouveau-né, fermait les yeux. Il rêvait à un monde meilleur.

Les tribulations de Triboulet

Dans un pays qu'on ne trouve pas sur les cartes vivait autrefois un fou qui se faisait appeler Triboulet.

Cet échevelé de l'esprit avait commencé sa carrière dans les foires, échangeant grimaces et cabrioles contre piécettes ou victuailles. Et comme il était bigrement talentueux, et de surcroît laid et difforme, sa réputation ne cessa de grandir jusqu'à chatouiller les oreilles du roi Benjamin Ier.

À force de simagrées désopilantes, de contorsions grotesques, de remarques irrévérencieuses, le bouffon sut s'attirer l'estime amusée du souverain. Et c'est ainsi que Triboulet fut embauché à la Cour. Le roi l'affubla du titre de « Conseiller spécial chargé de l'égaiement et des divertissements de sa Majesté ». Dès lors, son influence au palais ne cessa de croître. Triboulet devint le plus proche confident du roi, avant de devenir son mentor. Benjamin Ier ne prenait plus une seule décision qui n'ait été préalablement validée par son fou, quand elle n'était pas tout simplement suggérée par lui.

Un matin, Triboulet entra sans s'annoncer dans la chambre du roi qui sommeillait encore. Le farfelu agita son coqueluchon à grelots, imita le dindon, fit le tour de la pièce en marchant sur les mains puis, quand les royales paupières furent définitivement ouvertes, lança :

– Votre gracieuse matinée fait la grasse majesté ? Debout, debout, roi ! J'ai une idée pour égayer le royaume… Joie ! Joie !

Le roi bailla trois fois, s'étira cinq fois, se gratta la tête et répondit :

– Je t'écoute. Que dois-je décider ?

– Rires et trompettes ! Tu vas annoncer que demain sera jour des fous. Tout sera inversé : les valets remplaceront les maîtres, les prisonniers se feront gardiens, les professeurs deviendront élèves, les mendiants seront banquiers… Lanlaire quelle galère !

– Et moi, que deviendrai-je dans tout ce charivari ?

– Tu es roi et je suis ton fou : échangeons nos rôles. Pour moi le sceptre, pour toi la marotte.

– L'idée est amusante. Mais la noblesse appréciera-t-elle de jouer les laquais pendant vingt-quatre heures ?

– Fais confiance à ton fou allié ! Et cesse de te soucier de ces nobles qui te glissent sans cesse des barons dans les roues !

– Bien, qu'il en soit ainsi, fit le roi.

– Tes désirs font désordre, répliqua le fou tout en louchant et en esquissant une grotesque révérence.

Benjamin Ier signa donc le décret instaurant le jour des fous.

Ce fut son dernier décret.

On découvrit en effet à cette occasion que Triboulet n'était pas seulement fou : il était aussi fourbe.

Sa première décision en tant que roi d'un jour fut d'enfermer le vrai souverain dans les oubliettes les plus obscures du palais.

Sa seconde décision fut de décréter que la journée des fous serait prolongée jusqu'à sa propre mort.

Et c'est ainsi que commença le règne de Triboulet-le-fou.

Le peuple, volontiers badin et toujours prompt à faire valser les couronnes, considéra d'un œil réjoui ce changement. Il louait l'habileté de ce fou pas si fou. Il se gaussait à l'avance de ses farces et, sur ce point, je vous prie de croire qu'il fut servi. Dès les premiers jours, on assista à un festival d'extravagances.

On se tapa les cuisses en riant à gorge déployée quand Triboulet annonça « la dissolution du Conseil des Sinistres » et la constitution d'un nouveau gouvernement, avec un ministre des Farces et Attrapes et de la Force, un ministre des Gags, de l'Humour Noir et de la Guerre, et enfin un ministre des Grimaces, des Facéties et des Finances.

On se décrocha la mâchoire quand Triboulet décréta que toutes les queues des cochons du royaume devraient être détirebouchonnées, « par souci de rectitude et de droiture » !

On se tint la bedaine quand Triboulet annonça que le donjon du palais royal deviendrait la plus grande tirelire du monde.

Mais cette bonne humeur fit long feu.

Les rires se firent amers quand on apprit que le ministre des Gags avait été pendu par les pouces aux murailles du palais « parce qu'il avait raconté deux fois la même histoire drôle ».

Les sourires se crispèrent quand les armées du roi sillonnèrent les campagnes pour vérifier que le décret anti-queues-en-tire-bouchons était bien appliqué, volant ou égorgeant les cochons récalcitrants, infligeant brimades et amendes faramineuses aux paysans.

On grimaça franchement quand le roi fou créa une ribambelle d'impôts « pour que le donjon-tirelire se remplisse vite ». Il y eut ainsi une taxe sur les pleurs et grognements (qui pénalisait tout particulièrement les enfants capricieux et les vieillards grincheux), ou encore un impôt sur les cheveux (dont les chauves étaient par définition exonérés). Mais la plus grande trouvaille de Triboulet fut incontestablement l'impôt sur l'intelligence. Chaque habitant devait déclarer son niveau d'intelligence : soit il décidait de débourser beaucoup et passait aux yeux de tous pour un esprit raffiné ; soit il préférait payer peu mais se proclamait par la même occasion officiellement benêt. Les hommes

étant ce qu'ils sont, l'or coula à flots dans le donjon royal.

Le règne de ce farfelu prenait une tournure franchement désagréable. Hélas, ce n'était qu'un prélude. Une cascade de décisions aussi absurdes que cruelles s'ensuivit à un rythme effréné. Excentricité rimait avec méchanceté, extravagance avec violence, folie avec tyrannie. Dans les chaumières, les rires avaient définitivement cédé la place aux sanglots.

Triboulet eut une fille qu'il appela Albane. La nature a ses mystères, et l'ombre engendre parfois la lumière : ainsi, Albane était tout le contraire de son père, aussi raffinée qu'il était fruste, aussi gracile qu'il était grotesque, aussi subtile qu'il était fou, aussi bonne qu'il était retors. On ne pouvait la regarder sans s'étonner de ce contraste, sans être ému jusqu'au fond de l'âme par sa beauté et sa gentillesse.

Lorsqu'elle fut en âge de comprendre qui était réellement son père, la ravissante en conçut un chagrin si vif qu'elle devint muette. À chaque crime ou chaque injustice que commettait son père, il semblait qu'elle perdait des couleurs. Son teint devenait de plus en plus blême, sa peau diaphane.

Cela inquiétait fort Triboulet. Chaque soir, il venait à son chevet et inventait mille stratagèmes pour tenter de l'égayer. Un jour il lui proposait, pour la divertir, de fouetter mille esclaves avec des poireaux. Une autre fois, il suggérait d'organiser un concours de grimaces à travers tout le royaume, dont Albane pourrait épouser le vainqueur. Il proposa même de fabriquer sous les fenêtres de la chambre de sa fille une horloge géante dont la grande aiguille serait une guillotine ; les heures seraient remplacées par des billots et la princesse pourrait tromper sa mélancolie en regardant les têtes tomber.

Rien à faire. Albane accueillait ces propositions avec un soupir à fendre l'âme, baissant ses yeux charmants d'un air infiniment navré.

Un soir, Triboulet s'aperçut avec horreur que, à force de pâlir, sa fille devenait transparente. Ce n'était pas une illusion, on commençait réellement à voir à travers ses mains, ses bras et même son corps. Albane était tout bonnement en train de s'effacer. Bouleversé, le roi convoqua le plus grand médecin du royaume, qui était aussi un peu devin. Il lui dit :

– Ma fille, ma chère fille, à laquelle je tiens comme à la prunelle de mes œufs, est en train de disparaître. Cherche, fouille, creuse, trouve le mal qui la frappe. Et guéris-la, ou tu t'en mordras les dents : je te ferai danser avec des sandales de fer chauffées à blanc.

– Je ferai tout mon possible, Votre Joyeuse Extravagance, répondit le médecin, tremblant le grelot.

Il monta dans la chambre de la princesse, qui sommeillait dans son grand lit à baldaquin. Elle était ravissante et pâle, un peu comme ces matins d'hiver brumeux, charmants et glacés à la fois. Le médecin s'assit à son chevet et, toute la nuit, veilla la belle endormie.

Au matin, le devin vint s'incliner devant son roi, dans la salle du trône.

– Alors, devin, dois-je mettre les sandales de fer sur les braises ou as-tu de bonnes nouvelles à m'annoncer ? demanda le bouffon couronné.

– J'ai une bonne nouvelle, Votre Glorieuse Excentricité. La princesse a parlé, cette nuit…

– Joie ! Joie ! s'exclama Triboulet en bondissant comme un cabri. Il fit le tour de la pièce sur les mains en applaudissant des pieds, puis se rassit sur son trône et demanda :

– Et qu'a-t-elle dit, ma chère muette ? Qu'elle regrettait de m'en avoir fait voir de toutes les couleuvres ? Raconte, raconte donc !

– En vérité, Votre Majestueuse Futilité, ce n'est pas votre fille qui a parlé, mais son âme, car votre fille dormait. Les paroles étaient belles et tristes. En les écoutant, j'ai compris le mal dont souffre la princesse Albane.

– Je t'écoute.

L'air profondément embarrassé, le médecin resta un instant silencieux, avant de bafouiller :

– Ô, Votre Lumineuse Candeur, je ne suis pas sûr que vous prendrez très bien la chose…

– Cesse donc de tourner sept fois ta langue au chat : quoi que tu dises, tu ne seras pas inquiété. Tu peux dormir sur tes deux orteils.

– Quoi que je dise ?

– Juré, craché.

– Dans ce cas, je me lance. Voilà. En un mot, votre fille

souffre du mal que vous faites autour de vous.

– C'est faux ! hurla Triboulet en trépignant et en cognant du talon. Je n'ai rien fait ! Ce n'est pas moi ! Je suis blanc comme beige ! C'est un tissu de fils blancs cousu de mensonges !

– Votre Gracieuse Hilarité, vous m'avez demandé de vous dire la vérité, sans fioriture. C'est ce que je m'emploie à faire. Voulez-vous que j'arrête ?

Le roi se calma soudain, se racla la gorge et dit simplement :

– Hum, c'est bon, poursuis. Mais tâche quand même de mettre un peu de bémol dans ton vin. J'ai le cœur fragile, moi.

Le médecin reprit la parole :

– Bien, Votre Précieuse Simagrée. La chose est assez simple. Albane est l'incarnation du bien et ne supporte ni l'injustice, ni le mensonge, ni le vol, ni la violence, et encore moins les crimes. Profondément allergique au mal, elle est en train de disparaître à petit feu, au rythme des crimes que vous commettez. Elle ne sera bientôt plus qu'un souvenir.

Le roi se gratta longuement la tête avec sa marotte, avant de demander :

– Et le remède ? Sais-tu comment la guérir, au moins ?

– Vous seul en avez le pouvoir, Votre Brillante Jovialité. Mais j'ai bien peur que cela soit impossible. Pour guérir votre fille, vous devez lui apporter deux objets qui vous auront été offerts de bonne grâce, en reconnaissance pour votre bonté.

– Rien n'est plus facile. Ce sera chose faite dès ce soir.

– Facile, ô Suprême Pitre ? Vous vous méprenez. Le peuple vous hait. Je ne connais pas un seul de vos sujets capable de vous faire spontanément un cadeau.

À ces derniers mots, le roi fou frappa du poing sur l'accoudoir du trône et répondit d'une voix glaciale :

– Ça, c'est le mot de trop. La goutte d'eau qui met le feu aux poudres.

Se tournant vers un soldat, il ordonna :

– Gardes, donnez-lui la bastonnade, puis jetez-le au cachot. Il apprendra ainsi que celui qui sème le vent récolte la perpète.

– Mais, Votre Étonnante Absurdité, bredouilla le médecin, vous m'aviez promis…

– Tu es devin, coupa Triboulet, tu dois savoir que je ne tiens jamais mes promesses.

Le roi convoqua une escouade de soldats.

– Nous allons prendre le tonneau par les cornes, leur dit-il. Vous allez rendre visite à deux de mes sujets. Chacun devra vous remettre un cadeau de son choix, en souriant et en disant : « Gloire, gloire à mon bien-aimé roi que j'aime de tout mon cœur et à qui je veux offrir de bonne grâce ce présent ». Allez. Et revenez avant que la nuit tombe.

– Et s'ils refusent ? risqua le chef des soldats.

– S'ils refusent, vous leur montrerez que vos bras n'ont pas froid aux yeux ! Un coup d'épée bien ajusté et hop ! ils ne pourront plus me tenir tête car ils n'en auront plus.

Il éclata d'un rire aigrelet, s'embrassa longuement les mains, visiblement content de lui. Puis il donna congé aux soldats comme on chasse les mouches :

– Pfft, pfft, allez ! Laissez-moi méditer sur les affaires du royaume.

La petite troupe s'en alla. Triboulet bailla, se gratta l'oreille avec sa marotte, agita son coqueluchon à grelot et s'endormit.

Quand il s'éveilla, la nuit était tombée. Il trouva posés à ses pieds une bourse remplie d'or et un jouet en bois.

– Parfait, l'affaire est dans le lac ! s'exclama Triboulet. Il ne reste plus qu'à offrir ces cadeaux ridicules à Albane.

Il monta dans la chambre de sa fille. La princesse était assise devant sa coiffeuse. Elle pleurait. Ses larmes étaient presque aussi transparentes que le reste de son corps.

– Joie ! Joie ! ma petite fille, mon petit cafard en sucre, fit le roi avec une voix faussement assurée, je t'amène des cadeaux. Essuie-toi les yeux, et je t'en prie, cesse de traîner ainsi comme un âne en peine.

Albane regarda les présents, puis plongea ses yeux charmants dans ceux de son père. Ce qu'elle y lut la bouleversa. Elle chancela, puis s'évanouit dans les bras de son père. Triboulet, en la portant sur son lit, eut l'impression d'étreindre une nuée, tant elle était devenue légère et cristalline. Totalement désemparé, il veilla sur elle, en proie à une douleur inédite. Oui, son cœur saignait, il souffrait pour sa fille.

Il y en a que la douleur et l'inquiétude rendent fous ; il

semble que chez lui, elles eurent plutôt l'effet contraire. Bien des nœuds inextricables de son cœur et de son esprit se dénouèrent ce soir-là.

Au milieu de la nuit, Triboulet entendit une divine mélopée. Elle émanait d'Albane, dont les lèvres restaient pourtant immobiles. Voici ce que l'âme de cette délicate endormie psalmodiait :

Ô, toi qui m'as donné la vie,
Écoute la complainte et l'adieu
De celle qui aurait été ravie
De sourire aux hommes et à Dieu.
Hélas, de voir tes cruautés elle est lasse
Et, comme au rude soleil fond la glace
Devant tes crimes ta fille s'efface

Triboulet, affolé, bredouilla :
– Mais, mais, regarde ces cadeaux. Ne te font-ils pas plaisir ?
La voix reprit :

La bourse est tâchée :
Elle porte le sang de celui à qui elle fut volée
Le jouet est couvert des larmes :
De l'enfant à qui il fut arraché
Père indigne, qui prospères sur le sang et les larmes !

Complètement désespéré, le roi pleura comme un nouveau-né, râlant, suppliant, regrettant :

– Je ne veux pas te perdre, ma petite grenouille… Je regrette, je regrette tout. Il y a sûrement une solution. Parle, parle, je t'en supplie.

Après un long silence, la mélopée reprit :

C'est presque sans espoir.
Seule la statue de l'homme
Peut maintenant arrêter l'irréversible.

Triboulet se redressa :

– J'irai la chercher, mais dis-moi seulement le nom de cette personne qui la possède, et que je ne connais ni des lèvres ni des dents ?

L'âme de sa fille prononça ces dernières paroles :

La statue de l'homme n'existe pas
Tu devras la fabriquer
Avec quatre ingrédients précieux
Venus des quatre horizons.
Ils doivent t'être offerts sans que tu les réclames.
Tu seras muet et sans argent,
Tu marcheras sans cesse avec des souliers de fer
Que tu trouveras sous le lit.

Avant que la semelle de fer ne soit usée
Tu devras rapporter la statue de l'homme
Elle seule peut me sauver

Triboulet ne prit même pas le temps de réfléchir :

– Aux quatre horizons, j'escaladerai les mers et fouillerai les profondeurs des montagnes. J'irai, s'il le faut, là où la main de l'homme n'a jamais mis le pied, mais je trouverai ces quatre ingrédients précieux. Même si cela revient à chercher une anguille dans une botte de foin, je le ferai parce que je tiens à toi plus que tout. Je reviendrai avec la statue de l'homme, ou je ne reviendrai pas.

Triboulet embrassa sa fille sur le front. Fouillant sous le lit, il trouva une lourde paire de souliers de fer, à l'impressionnante semelle. Ils étaient exactement à sa taille. Il les enfila, ainsi qu'une vieille bure et, à pas infiniment pesants, s'en alla sur les chemins du monde dans l'aube qui pâlissait le ciel.

Il commença son improbable quête par le Nord.

Tant qu'il fut sur les terres de son royaume, il n'osa pas relever la capuche qui dissimulait son visage. Bien lui en prit car une conversation surprise près d'une fontaine où il s'abreuvait lui révéla à quel point son nom était honni. Il poursuivit péniblement sa route, franchit un nombre incalculable de montagnes escarpées et de forêts insondables, parcourut des plaines désolées et des vallées giboyeuses, découvrit les villes étranges qui s'étendent au-delà des frontières. Il vivait de fruits glanés sur les chemins ou de racines et, quand la nature se faisait avare, mendiait sa pitance. Mais les gens esquivaient volontiers ce pauvre diable aux sinistres chausses de métal, plus laid qu'une gargouille, silencieux comme une tombe, malheureux comme le bois dont on fait le gibet.

À force de progresser vers le nord, il finit par atteindre ces pays où l'hiver est permanent. Un soir, au cœur d'une forêt enneigée, il croisa une vieille femme, vêtue de haillons, la peau crevassée comme une vieille écorce. Assise sur un rocher couvert de givre, elle tremblait de tous ses vieux membres. Devant cette pauvre vieillarde cliquetante, un sentiment nouveau remua le cœur de Triboulet : la compassion. Il s'approcha d'elle sans mot dire, retira sa bure et la posa doucement sur ses épaules décharnées. La vieille lui jeta un regard éperdument reconnaissant et murmura entre les rares dents qui lui restaient :

– Sois infiniment remercié pour ce geste généreux, ô voyageur. J'aimerais te remercier. Prends ce sac, à côté de moi. Il contient le meilleur terreau qui soit. De la bonne terre améliorée de boue de porcs, de fientes de corbeaux et d'engrais humains. Il n'est pas au monde de terre plus fertile. C'est la seule richesse que je puisse t'offrir.

« Farandoles et guirlandes, pensa Triboulet, je crois que je tiens mon premier ingrédient précieux ! » Il ramassa le sac,

salua la vieille femme avec une déférence infinie, tourna les talons et reprit lourdement la route face au sud.

Pendant des semaines, des mois, ses souliers de fer martelèrent le chemin qu'il avait déjà parcouru dans l'autre sens. Après mille et mille enjambées pesantes, il traversa à nouveau les terres de son royaume, où la joie semblait renaître doucement, comme ces perce-neiges qui annoncent le printemps. Sans se reposer, il poursuivit sa marche, toujours plein sud, jusqu'aux pays où l'eau et l'ombre sont rares.

Après bien des peines, ses pas métalliques le conduisirent devant les murailles d'une grande cité. Un homme était prisonnier dans une cage de fer, sous l'insoutenable soleil de midi. Le malheureux tendait ses bras hors de la grille, suppliant qu'on lui donne à boire. Il ne recevait, pour toute réponse, que crachats, insultes ou jets de pierre. En passant devant lui, Triboulet fut pris d'un élan de pitié, sentiment qu'il n'avait jamais éprouvé jusqu'à ce jour. Il alla chercher de l'eau à la fontaine la plus proche et désaltéra l'assoiffé. Infiniment reconnaissant, l'encagé sortit de sa poche une magnifique pierre rouge sang, taillée en amande et dit :

– Prends ce rubis qui a échappé à la vigilance et la rapacité de mes geôliers. Tu le mérites bien, ô toi qui as eu pitié du voleur que je suis.

« Pirouettes et entrechats, se dit Triboulet, je crois que je tiens mon second ingrédient ! ». Il prit la splendide pierre, salua le prisonnier, et rebroussa chemin, impatient de poursuivre sa quête.

Quand il arpenta à nouveau ses terres natales, plusieurs mois plus tard, il se réjouit de la bonne humeur qui y régnait. Il n'eut guère le temps de la savourer, car il prit aussitôt la direction du soleil levant. Printemps, été, automne, hiver, ses semelles de fer s'usèrent.

Au-delà des montagnes aux brumes éternelles, il arriva à un pont qui enjambait un torrent impétueux. Tandis qu'il traversait, il vit au-dessous de lui une silhouette emportée par le courant, agitant les bras d'un air désespéré. Sans réfléchir, Triboulet se déchaussa, plongea dans les eaux glacées et sauva l'homme d'une noyade certaine. Quand le rescapé reprit conscience, il dit :

– Ô noble inconnu, tu viens de sauver le prince héritier du royaume de Bopal. Suis-moi en mon palais, et mon père te couvrira de richesses et d'honneurs.

Triboulet fit non de la tête. Il allait repartir dans le silence des chemins, mais le prince le héla :

– Ton courage et ton désintéressement forcent l'admiration. Pourtant, il ne sera pas dit que tu repartiras les mains vides. Prends cette bourse qui contient une poignée de pièces d'or à l'effigie de mon père. Ce n'est pas grand-chose, mais je te supplie d'accepter cette petite marque de ma reconnaissance éternelle. Et sache que tu seras toujours le bienvenu en mon royaume, si tes pas t'y conduisent un jour.

« Galipettes et cabrioles, je crois que je tiens mon troisième ingrédient ! » se dit Triboulet en prenant la bourse. Il salua son auguste donateur. Puis, tournant les yeux vers le quatrième horizon, il reprit sa longue pérégrination.

Cent fois il vit le soleil se coucher devant lui. Il dépassa une fois de plus son royaume, où la joie semblait avoir définitivement élu domicile, et poursuivit sans répit son chemin plein ouest.

Après mille franches suées, il croisa un petit enfant qui pleurait, assis au bord du sentier. Il était tombé et son genou s'était écorché sur la rude caillasse. La blessure n'était pas grave mais l'enfant semblait inconsolable. Attendri par ce naïf chagrin, Triboulet se planta devant l'enfant et commença à danser follement, à sauter drôlement d'un pied sur l'autre, à marcher sur les mains en entrechoquant ses souliers de fer, à simuler des chutes grotesques, à faire des grimaces ridicules comme au temps où il était artiste. L'enfant le regarda, d'abord étonné, puis un éclat de joie brilla dans ses yeux encore embués de larmes. À la fin du spectacle improvisé, le petit écorché battit joyeusement des mains, riant tout ce qu'il pouvait. Triboulet allait reprendre la route, mais le garçonnet agrippa sa manche et le supplia de le suivre. De bonne grâce, il accompagna l'enfant jusqu'à une cabane sommaire, bâtie entre trois arbres en fourche. D'une racine creuse, le garçon extirpa une vieille boîte en bois. Il l'ouvrit. Elle contenait quatre ou cinq boutons de culotte :

– C'est mon trésor, expliqua l'enfant, les yeux brillants. Tu peux en prendre un.

Triboulet piocha dans la boîte l'un de ces boutons, si communs en apparence, et pourtant si précieux aux yeux de l'enfant. « Joie ! Allégresse ! Ma quête est finie » jubila Triboulet en lui-même, impatient de retrouver sa fille.

Pour sauver Albane, il devait façonner la « statue de l'homme » à partir des ingrédients venus des quatre horizons. Il y songea tout au long du retour et, à quelques lieues du Palais royal, il fabriqua un four artisanal. Il sculpta ensuite un moule, fondit l'or du prince sauvé des eaux, y mêla le terreau de la vieille grelottante. Puis, quand la statue se fut un peu refroidie, il incrusta en guise d'yeux le rubis du voleur encagé et le bouton de l'enfant écorché. Triboulet avait mis dans ce travail tout le soin, toute la jubilation et tout l'amour dont il était capable. Et il faut reconnaître que le résultat était assez troublant. Faite d'or mais aussi de boue, regardant devant elle avec un œil délicat et précieux, l'autre rustique et naïf, on ne savait si cette « statue de l'homme » était grotesque ou sublime. Sans doute était-elle les deux à la fois.

Son œuvre achevée, Triboulet gagna vivement le palais, inquiet de savoir si cette statue agréerait à sa chère Albane.

Il était temps que sa quête s'achève, car les semelles métalliques de ses chausses commençaient à laisser passer le jour !

Triboulet s'approcha du lit de sa fille, qui sommeillait paisiblement, plus transparente qu'un cristal de roche. Il posa sa « statue de l'homme » à côté d'elle et dit simplement :

– Je suis de retour, mon trésor infini.

À peine avait-il prononcé ces mots que les paupières princières battirent comme deux délicates ailes de libellules. Albane s'assit, sourit délicieusement à son père et dit d'une voix infiniment douce :

– Est-ce vous, mon père ? Vous vous êtes bien fait attendre…

Elle prit dans ses mains la « statue de l'homme » et, au même instant, retrouva toutes ses couleurs, tandis que ses yeux étincelaient de vie et de joie retrouvées.

Le soir même, Triboulet abdiqua. Il libéra dans la foulée le roi légitime, Benjamin Ier, qui croupissait dans les oubliettes. « L'heure est venue de remettre les pendules à leur place » expliqua-t-il. Puis il reprit sa vie d'artiste et partit dès le lendemain avec sa fille sur les routes, dans une simple roulotte. Et je vous prie de croire qu'il connut un franc succès en singeant le tyran qu'il fut, de ville en ville, de royaume en royaume, jusqu'au pays de Bopal où Albane épousa ce prince jadis sauvé des eaux par son père.

Quant à la « statue de l'homme », elle connut elle aussi bien des tribulations. Par je ne sais quel miracle, elle survécut pourtant à la brutalité des hommes et aux rudesses du temps, jusqu'à finir au musée du Louvre où, moi qui relate cette histoire, je l'ai vue, il y a quelques années.

Je gage que, si personne ne l'a prise, elle doit s'y trouver encore…

La statue de l'ange

Dieu était occupé à créer une nouvelle galaxie, à l'autre bout de l'univers quand l'archange Gabriel lui apparut.

Il s'inclina avec un infini respect et psalmodia :

– Honneur et gloire à vous, ô tout-puiss…

– C'est bon, c'est bon, fit Dieu. Si tu me déranges en pleine création, c'est que tu as quelque chose d'important à me dire. Je t'écoute.

– Seigneur tout-puissant, on a un problème avec la terre.

– Quel genre de problème ?

– La Bourse. Elle chute.

– Depuis longtemps ?

– Non, pas tellement : l'équivalent de quelques dizaines d'années en temps humain.

– Sûrement un coup du cornu. Tu as bien fait de me prévenir. Allons voir ça.

L'Éternel claqua des doigts et se retrouva au seuil de la

Bourse du Ciel, accompagné de Gabriel. Des légions d'anges s'affairaient devant un gigantesque tableau sur lequel on pouvait distinguer quantité de chiffres et de graphiques compliqués.

– Vous voyez, ô divin Créateur : toutes les valeurs sont en baisse. Les valeurs traditionnelles sont les plus touchées. La *courtoisie*, la *politesse*, la *galanterie* et le *respect* ne valent presque plus rien. Quant au marché des bonnes actions, il est en chute libre.

– Très mauvais, tout ça… Comment se comportent les grands indices ?

– L'indice PAP40 a perdu au moins dix points. Et les choses ne risquent pas de s'arranger : la morale des ménages est en baisse et le taux de conversion marque le pas.

– Une crise de foi, c'est manifeste. Et les valeurs-refuge ? s'enquit Dieu.

– Elles sont relativement épargnées. L'*amitié* est stable et la *famille* enregistre même une petite hausse. Mais le titre est en pleine recomposition.

– Je vois. Décidément, ces humains m'en auront donné, du fil à retordre ! Jésus est-il au courant de tout cela ?

– Oui, j'ai pris l'initiative de l'avertir.

– Comment a-t-il réagi ?

– Mal, Seigneur. Il veut redescendre sur terre.

– Ah non, pas question. Il s'est déjà assez donné comme ça. C'est à moi d'agir.

Dieu créa une ou deux planètes, histoire de se donner le temps de réfléchir. Puis il demanda à l'archange Gabriel :

– Dis-moi, comment s'appelle déjà cet ange que j'avais envoyé sur terre, jadis ?

– C'était moi, Seigneur.

– Non, pas toi, un autre.

– Raphaël, Michel, Arkenciel, Babel, Décibel, Tourterel… ?

– Non, aucun de ceux-là. Tu sais, c'était pour une histoire de villes peuplées d'impies qui nous posaient des tas de problèmes.

– Ah, vous voulez sans doute parler de Sodome et Gomorrhe? C'est Javel qu'on avait envoyé pour faire un peu le ménage.

– Voilà, c'est ça. Une affaire rondement menée, si je ne m'abuse. Je pense qu'on pourrait peut-être lui confier une nouvelle mission.

– Si je puis me permettre, Seigneur, Javel a des méthodes… comment dire ? assez radicales. Vous ne voulez pas anéantir l'humanité, tout de même ?

– Je ne sais pas encore. J'hésite. C'est pour cela que j'aurais besoin de Javel. Que fait-il, maintenant ?

– On l'a affecté dans la troisième légion d'anges. Celle qui s'occupe de la formation des anges gardiens.

– Convoque le.

Quelques instants plus tard, un ange se présentait devant Dieu. Un beau morceau d'ange, bâti comme un pilier de cathédrale.

Il se prosterna devant Dieu et psalmodia d'une voix monocorde :

– Javel, troisième légion, au rapport. Puissance et gloire au tout-puissant, qui a fait le ciel et la terre. Hosanna, hosanna, hosanna.

– Merci, mon ami, merci, répondit Dieu. Relève-toi et écoute ce que j'ai à te dire.

L'ange se redressa, raide comme un cierge pascal, le regard fixe.

– Alors voilà, commença Dieu. Les humains me donnent quelques soucis. J'aimerais te confier une mission sur terre.

– Je dois tout nettoyer, comme la dernière fois ? demanda Javel. Pas de problème.

– Du calme, du calme, tempéra le Créateur. Ne nous emballons pas. Je n'ai encore rien décidé. Je t'envoie simplement en mission d'observation. Tu vas descendre deux jours sur terre, juste pour regarder ce qui s'y passe et discuter avec les humains. Chaque soir, à angélus sonnant, tu nous feras un rapport d'étape. À l'aube du troisième jour, tu remonteras me présenter tes conclusions finales, sur la foi desquelles je prendrai les décisions qui s'imposeront. Voyons, quel jour est-il, en temps terrestre ?

– 23 décembre, Seigneur Tout-Puissant.

– Parfait. Ton rapport tombera juste sur le jour de Noël. Des questions ?

– Non, Seigneur, c'est très clair.

Le colosse ailé choisit pour point de chute, sur terre, la belle ville de Paris. Il fit disparaître ses attributs célestes, s'habilla de manière à passer le plus inaperçu possible et commença son enquête.

Avant toute chose, afin de trouver ses repères, il se mit à la recherche de l'église la plus proche. Il finit par la débusquer, au détour d'un pâté de maisons. Hélas, les portes étaient closes. Javel héla un passant :

– Brave passant, pouvez-vous m'indiquer à quelle heure ouvre l'église, et quels sont les horaires des messes ?

– Ça fait belle lurette qu'il n'y a plus de messe dans cette église, mon bon ami. On l'utilise comme salle de concerts, maintenant.

« Ces humains, ils ne respectent rien ! » pensa l'ange.

– Où est l'église la plus proche, alors ? reprit l'envoyé de Dieu. Je veux dire : une vraie église, avec un prêtre, des offices, des messes…

– Pour ça, il faut pousser jusqu'à Sainte Félicité. C'est à dix minutes d'ici, par cette rue.

Javel s'en fut repérer l'église. Après une brève oraison, il reprit sa route, observant autour de lui. Il passa devant un grand magasin et vit une foule entassée devant les caisses, les chariots débordant de victuailles.

« Les églises sont vides, et les magasins sont pleins… Il faut que j'avertisse Dieu de ce préoccupant système de vases communicants. Ces humains sont dramatiquement matérialistes ! » maugréa l'ange.

À cet instant, un bruit de course attira son attention. Un enfant courait dans la rue, poursuivi par un homme âgé à la mine sévère. Le gamin, l'air effrayé, tentait de lui échapper, dans l'indifférence générale de la foule anonyme.

Un peu plus loin, l'ange croisa une femme d'apparence très respectable. On lui aurait donné le bon Dieu sans confession et, pourtant, elle interpella l'ange en prononçant ces mots étranges : « … nom d'une trimolette ! C'est décidé : ce soir, armée d'un chalumeau et d'une masse, j'irai forcer le coffre-fort… ».

Javel s'éloigna vivement, horrifié par ce qu'il venait de voir et d'entendre.

« Matérialistes, bourreaux d'enfants et voleurs… Vraiment ces humains sont détestables ! » pensa l'émissaire divin.

Il poursuivit son chemin et, pendant plusieurs heures, porta un œil affligé sur le monde qui l'entourait.

Les rues étaient sordides, le bruit et les odeurs insupportables. Plusieurs mendiants faisaient la manche, superbement ignorés par ceux qui passaient devant eux. Les kiosques à journaux étaient couverts de photos aguichantes et provocantes. Une télévision en vitrine d'un magasin passait en boucle des images d'une violence inouïe. Nulle verdure pour reposer le regard, nulle quiétude pour apaiser l'esprit.

Peu avant sept heures, Javel entra dans l'église Sainte Félicité, bien heureux d'y trouver refuge.

À cet instant, les cloches de l'église sonnèrent l'angélus.

Javel s'approcha du Saint Sacrement, se mit à genoux, fit le signe de la croix et murmura :

– Hosanna, hosanna, hosanna. Ici Javel. M'entendez-vous, divin Créateur ?

Alors, sur la croix située au-dessus du tabernacle, Jésus s'anima et répondit :

– Je suis à ton écoute, mon bon ange. Raconte-moi tout.

– C'est que…

– C'est que quoi ?

– C'est que je pensais parler à votre Père, pas à vous…

– Allons, tu sais bien que mon Père ou moi, c'est la même chose. Vas-y, parle sans crainte.

– Bien, Seigneur. Voilà, c'est la catastrophe, ici-bas. Je crois qu'il faudrait un bon déluge pour nettoyer tout ça. Ou alors un grand feu purificateur.

– Du calme, mon bon ange. Tu vas un peu vite en besogne. Ta mission d'observation n'est pas encore achevée. Et d'ailleurs, qu'est-ce qui te fait dire cela ?

Javel raconta sa journée, en n'omettant aucun détail. Quand l'ange eut achevé sa triste litanie des turpitudes qu'il avait relevées, Jésus parla ainsi :

– Mon ange, les choses ne sont pas toujours ce qu'elles paraissent.

– Que voulez-vous dire, Seigneur ?

– Prenons l'exemple de ton église désaffectée, pour commencer. Oh, bien sûr, une église qui ferme, cela me fait toujours de la peine. Cependant un bel opéra, une belle symphonie ont quelque chose de divin, et je t'avouerai qu'ils me font autant plaisir qu'une prière.

– Bon, admettons, fit l'ange, en tout cas les humains sont de fieffés voleurs. Même les femmes. Ils méritent d'être châtiés.

– Tu fais sans doute allusion à la dame qui t'a parlé de forcer un coffre-fort ? Ses intentions n'avaient rien de malhonnête, en vérité. Quand tu seras de retour, je te raconterai son histoire. L'histoire d'un trésor qu'elle recherche avec une patience d'ange depuis sa plus tendre enfance.

– Admettons. Mais il y a aussi cet homme d'apparence très digne qui poursuivait un enfant avec un sourire d'ogre. Et tout ça dans l'indifférence générale. Vous n'allez pas me dire que c'est normal ?

– Tu veux sans doute parler du ministre Juspindur ?

– Ah parce qu'en plus il s'agit d'un ministre ! Si les humains choisissent des ogres pour les diriger, pas étonnant qu'ils soient ce qu'ils sont ! Comme dit le proverbe : « on a les chefs que l'on mérite ».

– Ton ogre n'était en vérité qu'un vieux monsieur triste qui voulait retrouver son âme d'enfant. Il jouait simplement à un jeu et ne voulait aucun mal à l'enfant. Mon bon ange, je voudrais te convaincre qu'il faut aller au-delà des apparences.

L'ange resta un long moment silencieux, puis dit enfin :

– Que dois-je faire, maintenant ?

– Ta mission d'observation dure deux jours. Profite donc de

cette deuxième journée, qui est en plus veille de l'anniversaire de ma Nativité, pour porter un regard plus juste et plus lucide sur les humains. À demain, même heure, pour ton second rapport d'étape. D'ici-là, ouvre l'œil… et le bon.

Le lendemain, dès l'aube, Javel repartit en mission, fermement décidé à appliquer les conseils de Jésus.

« Je vais me rendre dans des lieux publics, décida l'ange. Ainsi je pourrai mieux observer les humains ».

Il se rendit dans un grand magasin où les gens se bousculaient joyeusement en cette veille de Noël. Il y remarqua un jeune garçon d'ascenseur, au sourire engageant. Planté au pied du grand escalier, il offrait son bras aux personnes âgées, les invitant à le suivre dans son bel ascenseur aux parois capitonnées de velours, pour leur éviter la fatigue des marches.

« Jésus avait raison, pensa Javel. Quand on y regarde de plus près, tout n'est pas entièrement pourri ici-bas »

Un peu plus loin, l'ange remarqua un homme qui proposait à sa concierge de lui poster ses lettres. « Un homme bien galant et serviable », pensa Javel.

Ses pas le conduisirent dans la rue la plus animée de la ville. L'ange porta un regard admiratif sur le monde qui l'entourait.

Les vitrines des boutiques étaient magnifiquement décorées. Des fumets délicieux émanaient des boulangeries et des restaurants. Les femmes étaient élégantes, souriantes, charmantes. L'ange s'aperçut pour la première fois que, à y regarder de près, certaines d'entre elles étaient même très belles.

L'ange visita aussi le musée du Louvre et découvrit avec ravissement l'art des humains. Ainsi, les créatures de Dieu étaient elles-mêmes devenues créatrices. Et il fallait bien reconnaître que certaines de leurs œuvres confinaient au divin.

L'heure de l'angélus approchait. L'ange regagna l'église Sainte Félicité. Il s'agenouilla devant le Saint Sacrement et, pendant que les cloches scandaient l'angélus, se signa :

– Hosanna, hosanna, hosanna. Javel au rapport. M'entendez-vous, doux Jésus ?

Comme la veille, au-dessus du tabernacle, Jésus s'anima sur sa croix :

– Alors, mon bon ange, la journée a-t-elle été féconde ?

– Oui, très. Vous aviez raison : les humains sont des créatures extraordinaires. Je les avais mal jugés. À présent, j'y vois clair. En définitive, les hommes sont aussi bons que nous, les milices célestes.

– N'exagérons rien, mon ami. N'oublie tout de même pas qu'ils m'ont mis en croix, jadis.

– Mais ils ont beaucoup changé, depuis, Seigneur Jésus. Je vous assure…

Et l'ange conta sa journée, ses découvertes, ses coups de cœur. Il insista longuement sur les œuvres d'art que l'humanité était capable de créer. Jésus l'écouta attentivement puis, quand l'ange eut achevé son récit, reprit la parole :

– Je ne veux pas t'influencer dans le rapport final que tu

feras à mon père, demain matin. Mais sache tout de même que tu es tombé d'un extrême à l'autre.

– Je ne comprends pas.

– Hier, à t'entendre, les humains étaient des démons ; aujourd'hui ce sont des anges. Allons, les choses ne sont pas aussi simples.

– Pouvez-vous m'expliquer, ô mon doux Jésus ?

– Vois-tu, entre le blanc et le noir, il y a une infinité de couleurs et de nuances, sur la palette. Et ce qui paraît parfois blanc ne l'est pas toujours en vérité.

– Ah ! fit simplement l'ange qui semblait ne pas comprendre.

– Bon, je vais essayer d'être plus concret. Prenons l'exemple du jeune homme du grand magasin, si chevaleresque avec les vieilles dames. Si tu avais mieux observé, tu aurais remarqué que, lorsqu'elles ressortent de l'ascenseur, les femmes en question ont moins de bijoux.

– Vous voulez dire que…

– Oui, mon bon ange : ce liftier n'était qu'un vulgaire voleur.

– Doux Jésus. Il avait pourtant l'air si gentil, si honnête…

– C'est comme ton monsieur soi-disant serviable qui proposait de poster les lettres de sa concierge…

– Et alors, il ne l'a pas fait ?

– C'est pire que cela : il a volé les timbres et jeté les lettres dans le caniveau…

– Ah le fourbe ! Il mérite un châtiment ! Mais comment

cela est-il possible, il avait l'air si gentil…

– Les choses ne sont pas toujours ce qu'elles paraissent, je te l'ai dit. Allez, à présent il te reste cette sainte nuit de Noël pour méditer sur tout cela. Demain, mon Père bien-aimé te recevra après l'angélus du matin. Tu lui livreras tes conclusions.

– Bien, Seigneur. Ah, au fait, j'allais oublier…

– Oui, Javel ?

– Bon anniversaire !

– Merci, mon bon ange.

Pendant toute la soirée, l'ange fit les cent pas dans l'église. Les événements de ces deux journées passées chez les hommes tournaient et retournaient dans sa tête, ainsi que les paroles de Jésus. Qu'allait-il dire au Créateur ? Les humains étaient si déconcertants !

Jamais le temps ne lui parut aussi long.

Jamais des responsabilités ne pesèrent plus lourd sur ses épaules ailées.

Enfin, après une nuit d'intense prière, tandis que les premiers rayons de soleil commençaient à illuminer le grand vitrail de l'église, l'ange eut une idée.

Il reprit son apparence céleste et s'envola dans les airs d'un majestueux coup d'ailes.

Mais, avant de remonter au Paradis, il fit un petit détour, quelque part dans Paris…

À angélus sonnant, Dieu reçut Javel dans son bureau. Gabriel et Jésus étaient à ses côtés.

– Alors, fit le Créateur. Que me conseilles-tu de faire ? Je détruis l'humanité ou je la garde ?

Au lieu de répondre, l'ange s'approcha de l'Éternel et posa devant lui une statue aux yeux dépareillés : l'un était un rubis rutilant, l'autre un simple bouton.

– Qu'est-ce que cela, demanda Dieu ?

– Avant de rentrer, ô Tout-Puissant, j'ai fait un petit détour par le musée du Louvre. J'y ai trouvé cette statue. Elle a été sculptée par un grand artiste.

– Elle est surprenante, cette statue, mais je la trouve très belle.

– Précisément, Seigneur. Vous remarquerez que cette statue est faite d'or et de pierres précieuses, mais aussi de boue sèche et d'un naïf bouton de culotte. Voilà, ô Créateur : cette statue, c'est l'humanité, vile et divine à la fois. L'humanité, votre œuvre, et sûrement votre chef-d'œuvre. Briseriez-vous cette statue – ce trésor infini qu'est l'humanité – au motif qu'elle n'est pas entièrement d'or et de joyaux ?

Dieu sourit et répondit simplement :

– Les humains t'ont surpris, mon bon ange. Et tu me surprends en retour. Bravo, tu as su trouver les mots justes. En vérité, je te le dis, tu étais l'ange de la situation et tu as rempli ta mission au-delà même de mes espérances. Oui, l'humanité peut t'être reconnaissante car, par ton geste, tu as su brillamment plaider sa cause.

Javel fut promu chef de la septième légion d'anges, celle qui garde la Porte du Paradis. C'est à lui que revient l'honneur d'introduire les âmes défuntes dans le séjour éternel.

Pour tout le bien qu'il nous fit, qu'il soit honoré jusqu'à la fin des temps.

Quant à la statue de l'homme, Dieu l'a gardée précieusement. Bien en vue, posée sur son bureau, elle fixe l'éternité de son singulier regard. Et quand les humains contrarient, déçoivent ou agacent le Créateur - ce qui est chose fréquente - ou quand la Bourse du Ciel connaît des soubresauts, il contemple ce fragile morceau d'art et repense à cette histoire.

Alors, comme par miracle, sa divine colère cesse.

TABLE

Achevé d'imprimer sur les presses de l'Imprimerie BARNÉOUD
B.P. 44 - 53960 BONCHAMP-LÈS-LAVAL
Dépôt légal : février 2006 - N° d'imprimeur : 602080
Imprimé en France